KB043416

왜 이재명을
두려워 하는가

왜 이재명을 두려워 하는가

역사 속 개혁가들의
죽음에서 답을 찾다

김준혁 지음

더봄

이재명을 악마화 하는
역사의 뿌리를 찾다

정치적으로 참 중요한 시기에 이 책을 출간하게 됐다. 이재명 더불어민주당 대표는 현재 국민 절반 정도의 지지를 받고 있고, 향후 가장 강력한 대통령 후보이다. 그럼에도 불구하고 여당과 언론, 검찰에서는 그를 끝없이 악마화 하고 있다.

나는 이재명 대표의 지지 여부를 떠나 역사를 공부하는 한 학자로서 우리 사회가 왜 그토록 이재명을 정치적으로 죽이지 못해 안달이 났는지 궁금했다. 그래서 그 원인을 역사 속에서 제대로 파헤쳐보고 싶었다.

사실 기득권 세력의 입장에서 보면 이재명은 참 비루한 존재다. 본인이 들으면 기분 나쁜 소리일 수도 있겠지만, 이재명은 봉화 청량산 일대의 화전민의 아들이고 성남 상대원시장 청소부의 아들이자 정규 중·고등학교도 다니지 못한 소년공 출신이다. 그러니 기득권은 그를 얼마나 하찮은 존재로 생각하겠는가?

하지만 그 하찮은(?) 스펙에도 불구하고 이 나라의 대통령 후보까지 됐었다. 때문에 기득권 입장에선 기분이 나쁘면서도 한편으론 '진짜 대통령이 되면 어쩌나' 하는 두려운 마음이 함께 들었을 것이다.

특히 이재명이 대통령선거에 나와 민초들을 위한 '대동세상'과 '억강부약'을 천명했기에 그들의 놀라움과 두려움은 더욱 커질 수밖에 없었을 것이다. 한마디로 말해 이재명이 앞으로 성장하면 자신들이 가진 부富와 권력權力이 하루아침에 붕괴될 수도 있을 것이라 생각했을 것이다. 이것이 이재명을 악마화 하면서도 두려워하는 이유의 본질이라고 생각한다.

그래서 기득권은 이재명이 대통령이 되지 못하게 하기 위해 끊임없이 정치적·사회적인 죽음을 강요하고 있다. 하지만 이재명의 사회적·정치적 타살은 비단 이재명 개인 한 명을 제거하는 것에 그치지 않는다. 당대 기득권 세력들이 역사적으로 새로운 세상을 꿈꾸었던 혁명가들을 탄압하고 죽인 연장선에 있는 것이 아닌가 하는 생각마저 들었다.

돈과 권력을 가진 자들에게 이재명은 우리 역사 속의 중요한 인물인 만적, 정여립, 윤휴, 최제우, 전봉준, 여운형, 김구, 장준하보다 더 무서운 존재다. 이들의 공통점은 당시 주변의 큰 지지를 받았지만 교통과 통신이 발달하지 못해 자신들의 뜻을 온 백성에게 제대로 전달하지 못했다는 것이다.

하지만 지금은 전혀 그렇지 않다. 이재명이 한 말과 행동은 거의 실시간으로 전 국민에게 전달된다. 미디어의 발달로 인해 이재명은 과거 혁명가들과 달리 더욱 무서운 존재이자 반드시 제거돼야 할 사람이 된 것이다.

현재 대한민국은 다행히 왕조 국가가 아니다. 때문에 기득권 세력들 마음대로 이재명을 유배를 보내거나 죽일 수는 없다. 그렇기에 이들이 할 수 있는 일은 최대한 그를 악마화 하고 죄를 만들어내 사회적·정치적 타살로 사라지게 만드는 것이다.

하지만 기득권들이 온갖 방법으로 악마화 함에도 불구하고 이재명은 살아남아 계속 투쟁을 하고 있다. 그를 불편해 하는 사람들로서는 더욱 미칠 노릇이다.

나는 이재명을 악마화 하는 것이 단지 오늘날의 문제가 아니라고 생각했다. 공부를 하면서 우리나라 2천 년의 역사를 관통하는 기득권의 오랜 술책이었다고 확신하게 되었다.

그래서 우리의 대동세상을 위한 싸움에서 이재명을 비롯한 민주시민들이 결코 패배해서는 안 된다는 생각으로 이 책을 썼다. 이는 한 역사연구자의 책무이자 모순덩어리인 우리 정치 문화를 바꾸기 위한 현실적인 투쟁의 산물이기도 하다.

이 책의 집필은 지난해 중순부터 준비를 했다. 나는 제20대 대통령선거를 앞두고《이재명에게 보내는 정조의 편지》를 써서 이재명을 개혁군주 정조에 버금가는 국가지도자로 성장하게 하고 싶었다. 그러나 너무도 안타깝게 대선에서 패배하고 말았다.

그러나 나는 포기하지 않았다. 이재명의 5년간 준비는 앞으로 더 나은 세상을 만들기 위한 의미 있는 시간이 될 것이라 생각했다. 나는 이재명을 직접 만나 향후 대선 승리를 위해 옆에서 책임 있게 돕겠다고 약속하고 앞으로 그가 나갈 길을 모색했다. 그 길은 단순히 정치인 이재명을 위한 것이 아니라 이 나라 국민 전체를 위한 길이라고 생각했다.

그런데 정권이 교체되고 난 후 대한민국은 정말 '이상한 나라' 가 되었다. 아니 더 정확히 말하자면 노골화된 '기득권의 나라'가 되어버리고 말았다. 공정과 상식이 실종되고 '이상한 부부'가 비정상적인 통치를 하고 있는 나라가 되었다. 민생경제는 바닥으로 떨어지고 대한민국은 국민 대다수의 이야기처럼 '눈떠보니 후진국' 이 됐다.

자주정신과 남북통일의 기치는 사라지고 미국과 일본에 대한 굴종, 사대주의가 판치는 나라가 되어가고 있다. 남북 대결구도가 심각해져 국민들은 언제 다시 전쟁이 일어날까 하는 두려움에 사로잡혀 있다.

더욱 이상한 것은 대한민국 언론들이 이 나라에 문제가 하나도 없고 오로지 이재명만 문제가 있다고 떠들어 대고 있다는 점이다. 정말 이상하지 않은가? 만약 이재명이 기득권 세력과 보수언론에 의해 쓰러진다면 그것은 곧 민주 진보진영과 혁신의 기치를 내건 이들의 죽음을 동시에 의미하는 것이다.

이 책을 마무리하는 과정에서 나는 이재명 테러 사건을 뉴스로 접하며 무척이나 큰 충격을 받았다. 해방 이후 민족의 지도자로 꼽혔던 몽양 여운형, 백범 김구, 장준하 선생이 떠올랐다. '이재명을 앞의 세 분처럼 만들려고 하고 있구나'라는 생각이 들었다. 나는 너무나 큰 분노에 밤새도록 몸서리쳤다. 그리고 반드시 이재명을 지켜야겠다는 명확한 다짐을 했다.

이 책은 '기득권의 나라' 대한민국에서 이재명을 악마화 하는 역사와 뿌리를 찾는 작업이다. 우리 역사에서 기득권들이 혁명가를 제거하는 과정을 명확히 이해해야만 이재명을 그들로부터 보호할 수 있고 진짜 대동세상, 억강부약의 세상을 만들 수 있다. 우리 역사가 원했던 진짜 대동세상을 만드는 일이 나의 사명이라고 생각한다.

역사는 반복된다. 세상을 올바로 만들고자 했던 사람들이 어떻게 기득권 세력에게 제거됐는지 많은 독자들이 알아주길 바란다. 이 메커니즘을 이해해야 힘없는 시민들이 정당한 대우를 받고 참다운 민주사회에 살 수 있게 된다.

그동안 못난 가장을 이해해주고 함께 해준 가족들과 친우親友들에게 진심으로 감사하며 이 책을 바친다. 앞으로 민주 시민들이 이재명을 더 큰 나라의 지도자로 만들어 대한민국이 더 이상 '기득권의 나라'가 아닌 전 세계인이 흠모하는 선진국, 문화강국이 되길 바란다.

나는 확신한다. 정조와 김구, 장준하의 꿈을 이재명이 반드시 이뤄낼 것이라는 것을.

2024년 1월

수원 영통 학산재에서 **김준혁** 올림

차례

평등과 자주를 꿈꾼 개혁가들의
죽음의 역사

　　단재 신채호 선생님께서 분명히 말씀하셨다. '역사란 아我와 비아非我의 투쟁이다.'라고. '아'와 '비아'의 투쟁이라고 하는 것은 기층 민초들과 기득권 사이의 싸움이다. 혹은 우리와 외세와의 싸움이다.

　　우리 역사의 발전은 큰 틀에서 보자면 자주自主를 외치는 사람과 사대事大를 외치는 사람과의 오랜 대결이었다. 그리고 대부분 '사대'를 주장하는 자들이 '자주'를 외치는 사람들을 이겨왔다.

　　그나마 일시적으로 자주를 외치는 사람이 이긴 적이 있었다. 동학농민전쟁 때 전봉준과 동학농민군이 전주성을 점령했던 그 순간이었다. 그리고 한참 세월이 흘러 해방 이후 김대중 정부 탄생과 노무현 정부 탄생으로 10년 동안의 자주의 시대가 있었다. 그리고 문재인 정부가 있었다. 그러나 해방 이후 민주정부의 시대를 자주파의 승리라고 할 수는 있겠지만, 큰 틀에서 보자면 기득권들이 일시적으로 자주를 외치게 해준 정도였고, 그들은 다시 자신들의 권력을 되찾아 사대의 시대로 만들어버렸다.

그 과정에서 기득권들은 더욱 공고해졌다. 조선 500년 내내 사대 정권이 유지되었고, 해방 이후에도 오랫동안 권력을 누려왔다. 그들에게는 민중성을 지향하는 세력에게 15년 동안이나 권력을 뺏긴 것이 용서할 수 없는 일이었다. 물론 그들이 빼앗긴 권력은 행정권력 뿐이었다. 경제와 사법, 언론 등의 모든 권력은 여전히 그들의 것이었다. 그럼에도 불구하고 대통령의 힘을 비롯한 행정권력을 빼앗기고, 민주 세력이 미국과 일본에 사대하지 않고 '빨갱이들인' 북한과 화합하고자 한 것은 도저히 묵과할 수 없는 일이었다. 사대사상의 근간을 흔들어 자신들이 가지고 있는 영원한 권력을 혹시라도 빼앗길 수 있기 때문이었다. 그래서 그들은 그 모든 권력을 영원히 지켜야겠다고 다짐했다.

그래서 그들은 보이지 않는 손들과 야합하여 오늘의 윤석열 정권을 만들었다. 이 윤석열 정권은 해방 이후에 일본이 다시 한반도를 지배하기 위해 오랫동안 전략을 세운 것을 하나하나 실천해 가는 과정에서 승리한 것이다.

단재 신채호 선생님은 조선 5천년 동안 일어난 가장 중요한 1대 사건을 묘청의 난이라고 규정했다. 사실 묘청의 난은 역모가 아니라 혁명이었다. 이 혁명의 주인공들은 묘청, 백수한, 정지상 등 당대 최고의 지식인들이었다. 그럼에도 불구하고 이 사람들은 자신들의 기득권을 포기하고 백성의 나라, 자주의 나라를 건설하려고 했던 것이다. 그래서 이들은 '국풍파'國風派라 불리면서 기득권 세력들, 중국에 사대하는 김부식부터 시작해서 고려의 문벌 귀족들과 대결을 벌이다가 끝내 스러지고 말았다.

단재는 이 역사 이후 사대의 기운이 이 나라를 장악하고, 자주의 기운이 사라졌다고 하셨다. 그래서 끝내 조선 후기에 당쟁을 일삼다가 양반 사대부들에 의해 일제에 나라를 빼앗기게 됐다고 말씀하셨다.

그런데 역사를 조금 공부하다 보니 반드시 그것만은 아닌 것 같다. 조선 후기 내에서도 자주파는 분명히 존재했었다. 그 자주파 중에 가장 핵심적인 인물이 바로 정여립이다. 그는 결국 죽음을 맞이하게 됐다. 그 뒤에 자주파의 상징적인 존재가 백호 윤휴였는데, 그도 결국은 우암 송시열이라고 하는 사대파에 의해서 사약을 받고 죽음을 맞았다. 자주를 외쳤던 사람들은 단 한 번도 살아남지 못했던 것이다.

그 뒤에 다시 자주를 외쳤던 인물은 정약용이었다. 그런데 정약용 같은 사람들도 끝내 유배를 가게 되었다. 이런 식으로 자주파들이 사대파에 의해서 몰락을 당하고, 그대로 구한말까지 이어졌다.

이런 큰 역사의 흐름을 이해하는 과정에서 우리는 왜 기득권들이 이재명을 악마로 몰아가고 그를 두려워하는지 살펴볼 필요가 있다. 그래서 조금 더 사대의 역사를 이해하기 위해 사대가 가장 극심했던 조선 후기 시대상을 이야기하려고 한다.

조선시대의 사대파, 쉽게 이야기해서 존명주의자(명나라를 존숭하는 세력), 주자 도통주의, 주자 존숭주의, 주자만이 절대적으로 옳다고 이야기하는 세력들은 일제 강점기가 되자 재빨리 친일파로 변신했다. 친일파는 해방 이후 친미파로 변신했고, 이들은 현재 윤석열과 국민의힘 그리고 대한민국의 기득권 세력들로 이어지고 있다.

돌아가신 신영복 선생님께서는 《강의》라고 하는 책에 이렇게 쓰셨다. 한국 역사에 대한 공부를 하다 보니까 인조반정 이후에 노론 세력이 집권을 하고, 노론 세력이 친일파가 됐고, 친일파가 친미파가 되어 오늘날 권력을 잡고 있다고!

신영복 선생님은 이명박이 대통령으로 당선되는 것을 보고 큰 정신적 충격을 받으셨다고 했다. 도대체 어떻게 저런 친일파가 대통령이 될 수 있는지, 사기꾼이자 돈이면 무조건 다 된다는 물질숭배주의자 이명박은 절대 대통령이 되어서는 안 될 사람인데, 그가 국민의 선택을 받아서 대통령이 되는 것을 보고 엄청난 충격을 받은 것이다.

당시 신영복 선생님께서 너무 큰 충격을 받아서 우리 역사를 다시 공부하기로 마음을 먹고, 1년간 두문불출하며 역사 공부를 하셨다고 한다. 그 결과 인조반정 이후에 서인정권이 철저하게 명나라에 사대를 하고, 그 기득권이 오늘까지 이어지고 있다는 것을 확인하셨다.

자주적 중립외교를 지향하던 광해군도 여러 가지 실수를 했다. 광해군도 이유신이라는 술사術士에 빠져 임진왜란 이후 국력이 완전히 바닥난 상태에서 인경궁 등 대형 궁궐을 3개나 지었다. 때문에 백성들의 원망이 하늘을 찔렀다. 그것도 모자라서 천도遷都를 해야 한다고 주장해서 파주 교하로 천도를 하려고 했다.

이런 점에서 광해군도 정책적 부족함이 많았다. 그렇지만 광해군을 제거하고 성공한 인조반정은 우리 역사를 사대의 암흑으로 몰아넣었다. 서인정권이 쿠데타를 일으킨 명분은 어처구니가 없다. 광해군이 명나라에 사대하지 않았다는 것이었다. 임진왜란으로 나라가 망할 뻔할 때 명나라가 도와주어 겨우 살아났는데, 명나라에 사대하지 않고 청나라와 중립외교를 함으로써 은혜를 저버렸다는 게 반정反正 명분이었다.

반정의 명분, 즉 쿠데타의 명분이 바로 '사대'인 것이다. 그러니 그들은 이후에 철저하게 사대 중심의 국가 운영정책을 펼쳐야 했을 것이고, 그들의 후손들도 일본에 외교권을 넘겨주는 '한일늑약'을 체결하고, 1910년에 나라를 넘길 결심을 한 것이다. 그리고 그들은 일본 조선총독부가 하사한 귀족 작위를 받았다.

조선총독부가 준 귀족 작위를 받은 부역자들의 80%가 노론 출신이었다. 그러니까 노론이 곧 친일파가 되고, 이들이 나라를 팔아먹었다는 주장은 너무나 명확하지 않은가!

신영복 선생님은 인조반정 이후의 역사에 대해 마지막 결론을 내렸다. 결국 사대주의자들 때문에 나라를 빼앗겼고, 지금도 그 사대주의자들이 나라를 다스리고 있다는 것이다.

한편 조선 후기 사대부들의 대부분이 사대를 했고, 실학자들은 사대를 하지 않았다고 이야기하는 것은 사실이 아니다. 우리가 실학자들에 대해 너무도 우호적인 입장을 취했기 때문에 그들은 사대주의에 빠지지 않았을 것이라 착각하는 것일 뿐이다. 그들역시 기득권에 속하는 성리학자였다.

한번 예를 들어보자! 어떤 식의 사대가 있었는지.

18세 후반 홍대용이라는 실학자가 있었다. 《의산문답》醫山問答이라고 하는 시대의 명작을 쓴 사람이다. '의산'이라고 하는 것은 의무려산醫巫閭山의 줄인 말이다. '의무려산'은 압록강 건너 중국 땅에 있다. 압록강을 건너면 단동이 나오고, 그 단동을 지나면 책문이 나온다. 책문을 거치면 봉황성이 나오는데, 이때부터 실질적인 중국의 영토로 들어가는 것이다. 봉황성을 지나 만리장성으로 가는 영원성으로 가는 길에 '의무려산'이 있다. 조선의 사신들이 1년에 4번 중국을 가는데, 그때 반드시 지나가는 산이다.

홍대용은 그 산을 지나가면서 '의무려산'에 있는 실옹實翁과 허자虛子의 문답을 소설 형식을 빌려 서술하였다. 실질적인 것을 숭상하는 실옹과 명분만을 내세우는 전통 성리학자 허자의 이야기를 통해 실용적인 것을 추구해야 한다는 홍대용의 생각을 담아낸 것이다. 그러나 이처럼 실학적 사고로 무장되어 있는 홍대용도 사실은 철저한 사대주의자였다.

홍대용은 1766년에 청나라로 가는 사신단의 일원이 되었다. 그의 삼촌 홍억이 사신단의 서장관이 되었기에 그를 수행하는 자제군관이 되어 청나라로 갈 수 있었다. 중국의 문물을 직접 눈으로 보고 싶었던 그의 꿈이 이루어진 것이다. 홍대용은 북경의 학자들이 모이는 유리창에서 엄성, 반정균 등 당대 최고의 한족漢族 학자들을 만났다. 이들과의 대화를 3개월 가까이 지속하면서 조선 선비의 높은 지식과 문화 수준을 보여줄 수 있었다.

홍대용의 가장 친한 친구는 연암 박지원이었다. 박지원은 조선 내 북학파의 실질적인 지도자였다. 박지원, 박제가, 이덕무, 유득공, 이서구 등 당대 최고의 인재들이 중국과 교류하고 상공업을 발전시켜야 한다는 이야기를 강조하였다. 이런 파격적인 사고를 하는 이들이었기 때문에 우리는 당연히 자주적인 사고를 갖고 있었을 것이라 생각한다. 그들이 비록 노론의 후예들이지만, 기존의 노론과 다른 파격적인 자주 사상을 갖고 가난한 민중들의 편에서 행동할 것이라 생각한다. 그러나 이것은 우리들의 착각이다.

홍대용은 그런 사람이 아니었다. 홍대용의 《을병연행록》에 나오는 '한 손으로 산해관의 문을 열고 나간다'는 말을 잘못 해석하였다. 우리는 그 문구를 병자호란의 치욕을 극복하고 자주적 국가 건설을 위해 청나라와 맞서 싸우기 위해 만리장성의 첫 관문인 〈산해관〉山海關의 문을 혼자서 한 손으로 밀어서 열고 중국 땅으로 당당하게 들어가겠다는 의미로 해석을 하였다. 그러나 홍대용의 생각은 그것이 아니었다. 산해관의 문을 열고 나가는 것은 중국인 전체와 맞서는 것이 아니라 오랑캐인 청나라 사람들, 즉 여진족에 한정된 것이었다.

홍대용은 중국의 원래 민족인 '한족'에 대해서는 철저하게 사대하는 사람이었다. 한나라, 당나라, 송나라, 명나라로 이어지는 한족은 위대하다고 생각했다. 그리고 이들의 역사와 문화 그리고 언어와 풍속을 존중했다. 심지어 조선민족은 그 한족의 한 갈래라고 생각했다.

홍대용에게 진짜 조국은 조선이 아니라 바로 명나라였던 것이다. 홍대용은 한족 출신의 학자들에게 왜 소수의 여진족을 제거하지 않고 그들 밑에서 살고 있느냐고 질책을 하면서, 우리는 머리를 기르는 명나라의 풍습을 이어받아 상투를 틀고 있고, 옷고름을 왼쪽으로 매고 살고 있는데, 너희들은 왜 변발을 하고, 겉옷 가운데에 단추를 단 옷을 입느냐고 핀잔을 주었다.

가히 놀랍고 충격적이다. 한족 출신들의 청나라 학자들은 자신들이 변발을 하고, 겉옷 가운데 단추를 달아 입는 것을 부끄러워하지 않는데, 조선에서 온 학자가 명나라의 전통과 풍속을 이야기하면서 도리어 호통을 치니, 그저 어리둥절할 따름이었다.

여기에 더해 홍대용은 조선 백성들이 무지해서 중국의 언어를 사용하지 못하고 있어 미안하다며 그들에게 사과를 하고 울기까지 했다. 자신과 같은 명나라를 사모하는 지식인들은 한자漢字를 공식 문자로 사용하고, 중국말을 익혀서 중국 사람으로 살아가고자 하는데, 조선의 백성들은 무식해서 문자도 사용하지 못하고, 더더욱 중국말은 아예 못하니 정말 미안하다는 것이다.

《을병연행록》에서 이 대목을 읽었을 때 나는 정말 큰 충격을 받았다. 조선의 사대부들은 대부분 중국에 대한 사대의 마음을 갖고 있으려니 생각했고, 특히 서인 세력들은 더욱 심할 것이라고는 생각했지만, 우리가 알고 있는 진보적 지식인인 홍대용마저 이런 생각을 하고 있을 줄은 상상도 하지 못했다.

그러나 이것이 현실이었다. 조선 사대부들이 진짜 섬긴 것은 바로 한나라이고, 당나라이고, 송나라이고, 명나라였던 것이다. 그들은 뼛속까지 사대주의자였다. 이런 사대주의자들이 실학자란 이름으로 우리에게 조선 후기 개혁파라고 불린 것이다. 그들이 조선에서 일부 개량된 개혁을 했는지는 모르겠지만 사실은 그들도 사대주의자들이었고, 민중들의 성장을 막는 사람들이었다. 이것이 바로 조선사회의 실체였다.

사대주의자들은 자주의지를 가진 이들을 가만히 내버려두지 않았다. 자주의지는 곧 개혁의지였고, 기득권의 나라가 아닌 백성들의 나라를 만들자는 사람들이었다. 묘청과 정지상이 자주를 꿈꾸다가 죽었듯이 조선 후기 조선의 자주를 꿈꾸었던 사람들도 역시 죽음을 면치 못했다. 가장 대표적인 이가 바로 백호 윤휴이다.

주자만이 절대적으로 옳다고 주장하던 시대가 바로 조선 후기이다. 조선 후기 사회는 어쩌면 이념이 지배하는 사회였다. 주자의 말 외에는 어떠한 것도 용납되지 않는 사회가 바로 조선 후기였다. 오로지 주자 말대로 행하고 살아가야 했다. 주자가 만든 '제례'祭禮와 '상례'喪禮를 지키지 않으면 사대부로서만이 아니라 인간으로 대우받지 못하고 패륜아가 된다. 주자의 말에 대해 어떤 반론도 불가능했다.

남송시대의 인물인 주자朱子는 600년 뒤의 조선에서 자신을 이렇게 추앙할 것이라 생각이나 했겠는가? 주자를 이렇게 만든 것은 바로 자신들의 기득권을 유지하기 위한 지배세력들이었다. 주자를 통해 자신들의 권력을 유지하고자 하는 서인 세력들이 바로 이들이었다. 이들은 주자를 통해 사대의 명분을 만들고, 주자를 통해 한족들에 대한 숭배를 강화했다.

주자 역시 공자의 학문을 연구한 학자다. 그런데 조선 후기 사대부들은 유학의 원조인 공자보다 오히려 주자를 더 추종하기 바빴다. 참으로 이상한 사회였다. 조선의 위대한 학자들에 대해서도 존중은 하면서도 주자의 발끝에도 미치지 못한다고 당연시했다.

이러한 사회 현실에서 조선의 자주화를 추구한 이가 윤휴였다. 청나라의 압제로부터 벗어나 진정한 조선의 자주국가 건설을 추구하고, 여기에 더해 사상의 자주화를 추구한 것이다. 이것이 바로 윤휴의 진정성이다.

삼국시대 유학의 전래 이후 유학은 국가 운영의 지배 윤리이자 사상이 되었다. 충분히 그럴 수 있었다. 그러나 너무 과도했다. 조선에 들어와서 유학 존중은 너무 과했다. 국가 운영의 모든 것을 유학의 관점으로만 실행하려 했다. 그러다 보니 '유불선'儒佛仙을 합일하여 보다 나은 세상을 만들고자 하는 우리 민족의 고유의 사상은 사라지고, 오로지 중국만이 훌륭하다는 사상이 지배했다. 군사적 힘으로 조선을 공격하여 황제와 제후의 사대관계를 맺는 것이 아니라 자연스럽게 사상의 지배를 통해 우리 스스로가 중국에 예속되었다.

윤휴는 이러한 시대의 문제를 깨뜨리기로 결심했다. 윤휴 역시 유학자였다. 하지만 윤휴는 오히려 유학자였기 때문에 공자의 학문을 연구하고 성리학의 원리를 연구했다. 인간의 심성과 우주 자연의 법칙을 연구하여, 그것이 인간 생활에 도움이 되기를 바랐다. 그래서 공자의 학문을 연구한 것이다.

그러나 윤휴는 당시 학자들처럼 주자를 통해 공자를 바라보지 않고, 조선 선비의 시각으로 공자를 바라보고자 하였다. 이것인 당시의 기준으로는 이단異端이었다. 이단에게는 곧 죽음밖에 없었다.

윤휴의 경쟁자인 우암 송시열은 윤휴를 '사문난적'^{斯文亂賊}으로 몰았다. '사문'이란 공자 그 자체를 가리키는 것이다. 그러니 공자의 대역죄인이란 것이다. 공자를 배신하고 공자를 공격하는 사람은 세상에 존재해서는 안 된다는 것이 바로 송시열과 그의 추종자들의 생각이었다.

송시열과 그의 세력은 조선 사회의 기득권이었다. 공자의 학문을 조선 선비의 시각으로 재해석하겠다는 것은 바로 기존 질서를 위협하는 것이고, 새로운 세상을 만들자는 것이다. 그러니 이들에게 있어 윤휴는 가장 위협적인 존재로서 반드시 제거해야 해야 할 대상이었다. 만약 윤휴가 그가 가진 생각을 설파한다면 조선 사회에는 엄청난 변화가 휘몰아칠 것이고, 백성들은 기존 질서가 파괴되고 새로운 세상이 오는 것을 보면서 자신들이 기득권에 당하고 있었다는 사회적 현실을 즉시하고 변화를 위한 투쟁을 하게 될 것이었다.

그러니 기득권들은 윤휴를 절대 살려둘 수 없었다. 결국 윤휴는 '사문난적'으로 사약을 받고 죽었다. 숙종은 자신의 왕권을 강화하기 위해 첫 번째 정권의 핵심 세력인 북벌주의자 허적과 유혁연을 역모죄로 사형시켰지만 윤휴만큼은 사상범으로 몰아서 죽였다. 다시는 이러한 사상범이 있어서는 안 된다는 것이 숙종과 서인 세력들의 생각이었다. 결국 그들의 뜻대로 되었다.

이것은 너무도 무서운 일이었다. 생각해보라! 조선의 선비가 공자의 학문을 자신들의 생각대로 해석하고, 여기에 더해 창의적으로 연구하는 풍토가 만들어진다면 이는 곧 나비효과로 변하여 백성들도 기존 질서를 붕괴하고 사농공상의 체제를 깨뜨리려고 할 것이다. 그러면 몇 천 년을 이어온 기득권의 세상이 붕괴되고 모두가 평등한 국가가 될 수 있다. 그래서 이들은 이러한 불길한 세상을 아예 만들지 않기 위해 윤휴라고 하는 천하의 혁명가를 제거한 것이다.

이로써 조선은 다시 암흑의 나라가 되었다. 가난하고 힘없는 이들을 지키고, 조선을 자주의 나라로 만들고자 하는 의미 있는 생각을 원천봉쇄한 것은 얼마나 끔찍한 것인가! 반대로 조선 후기 내내 자주의 의지와 백성의 나라를 만드는 꿈은 생각조차 하지 못한 이가 우암 송시열이다. 그래서 기득권의 종조宗祖로 평가받는 인물이다. 그리고 그 우암 송시열은 성인聖人의 반열에 오르게 되었다. 아이러니한 역사다.

그러나 아무리 기득권이 암흑의 시대를 만들었다고 해서 그 세상이 천년만년 가겠는가? 또 다른 혁명가들이 나타나 새로운 세상을 만들기를 희망했다. 그들 중에는 백성들도 있고 지식인도 있었다. 이제 새로운 세상 만들기의 꿈은 더욱 커져 있었다.

승려들과 무당들도 문자를 익히고 지혜와 사람을 모아 과거 정여립이 꿈꾼 대동세상의 나라를 만들고자 했다. 그들은 한양도성을 공격하자는 과감한 계획도 세웠다. 그러나 세상을 전복시키고 백성들의 나라를 만드는 일은 쉽지 않았다. 그들은 실패를 거듭했다.

백성들만이 아니었다. 지식인들도 백성을 위한 대동세상을 만들고 자주의 나라를 만들고자 하였다. 그 중에 정약용이 있었다.

정약용은 그의 형제들과 함께 영명한 군주 정조를 뒷받침하면서 보수적 개혁을 시도하였다. 그는 처음부터 파격적인 혁명을 꿈꾸지 않았다. 사대부의 한계를 명확히 보여주었다. 그렇지만 그는 지식인이 받들어야 할 시대의 소명을 실천하려 했다. 그래서 그는 다양한 방면의 공부를 하고 가난하고 소외된 사람들을 위한 정책을 만들고자 하였다. 민란을 일으킨 백성들을 정확한 판결을 통해 구제하고, 오히려 그들로 하여금 지역 행정을 주도하게 하였다. 양반 사대부로서의 기득권을 내려놓고 백성들에게 이로울 파격적인 법안을 만들고자 하였다.

그를 총애한 정조는 정약용의 개혁을 적극적으로 받아들였다. 오죽하면 위당 정인보 선생이 "정조 없는 정약용은 존재하지 않고, 정약용 없는 정조는 존재하지 않는다."고 하였을까? 정조는 민족의 문제와 자주의 문제를 깊이 고민했다. 정조는 중국에 사대하는 것과 별도로 조선의 자주 문제를 거론하고 자주의 시대를 열고자 하였다.

조선 후기 사대부들은 거의 다 사대주의자들이었다. 때문에 이미 망한 국가라 하더라도 명나라와의 사대관계를 끊는 것은 국왕이 스스로 죽음을 자초하는 일이다. 이미 광해군이 중립외교를 하다가 쿠데타에 의해 쫓겨난 것을 역사에서 배우지 않았던가? 정조는 이러한 현실을 너무도 잘 알고 있었다. 때문에 기득권들의 사대주의적 행동은 그대로 두고 전혀 다른 독자적인 자주의 모습을 보였다. 바로 민족 시조에 대한 추숭사업이었다.

고조선을 건국한 단군, 고구려를 건국한 고주몽, 신라를 건국한 박혁거세, 가야의 건국자 김수로왕의 사당과 왕릉을 정비하고 이들에 대한 '치제'致祭를 국가 제사로 승격시켰다. 백제의 건국자인 온조의 사당이 존재하지 않았기에 특별 지시로 남한산성 안에 '숭렬전'崇烈殿이란 사당을 만들고 제사를 지내게 하는 세심함도 보여주었다. 중국의 황제에 대해서는 창덕궁 안에 대보단이란 제단을 만들어 은밀히 제사를 지내면서 정작 우리 민족의 시조에 대해서는 제사를 지내지 않는 것은 올바른 국가의 모습이 아니라는 것이 정조의 생각이었다. 참으로 자주적인 사고이자 행동이었다.

정조는 아울러 외세로부터 민족의 운명과 백성을 지킨 영웅들에 대한 현양도 하였다. 임진왜란의 명장인 이순신 장군의 모든 기록을 정리하여《충무공이순신전서》를 편찬하게 하고, 백성들의 영웅이었던 임진왜란의 의병장 김덕령을 현양하였다. 여기에 더해 청나라와 맞서다 억울하게 희생된 임경업 장군을 기리는《임충민공실기》를 간행하였다. 외세로부터 나라를 지킨 사람들을 현양하는 것이 곧 자주를 외치는 길이라 생각한 것이다.

그러나 이러한 자주적 사고와 백성의 나라 만들기를 기득권들이 용인했을까? 정조는 1800년 5월 30일 저녁에 조정의 모든 신하들을 불러 전면적인 개혁을 하겠다고 선언하였다. 그리고 28일 만에 죽음으로써 조선 땅에서 사라지게 되었다.

오늘날까지 의문인 정조의 죽음에 대해 수많은 이들이 기득권들에 의한 독살일 가능성이 높다고 주장한다. 그럴 가능성이 농후한 것은 여러 기록이 남아 있기 때문이다. 이들 기득권은 정여립, 윤휴 등 사대부와 여환과 용녀 등 혁명적 백성들만 죽인 것이 아니라 자신들의 기득권을 방해하는 이라면 국왕도 서슴지 않고 죽이는 사람들이었다.

정조 이전에 죽은 소현세자의 죽음도 미스터리다. 소현세자는 인조를 중심으로 하는 서인 기득권 세력에 의해 죽임을 당한 것이 명확하다. 청나라에 가서 실용적 현실에 눈을 뜨고 천주학을 공부한 소현세자는 성리학 중심의 기존 질서체계를 무너뜨리고, 천주교가 지닌 평등의 정신을 조선 전체에 퍼뜨리려 했다. 그런 불온한 행동을 하였으니 죽임을 당할 수밖에 없었다. 이처럼 기득권의 기득권 지키기가 얼마나 무서운 것인지를 우리는 소현세자의 죽음과 정조의 죽음을 통해서 알 수 있다.

정약용 역시 기득권들에 의해 철저하게 내쳐졌다. 정조의 죽음 이후 기득권들은 대동세상과 같은 개혁적 주문을 외치는 사람들을 용서하지 않았다. 천주교와 관련되어 평등사상을 조금이라도 가지고 있는 이들은 죽음으로 몰아넣었다. 정조의 동궁 시절 사부이자 정약전, 정약용, 이승훈 등의 스승인 성호 이익의 제자 권철신을 역적으로 몰아 죽이고, 정조가 채제공 이후 정승으로 삼겠다고 지명하였던 이가환을 천주교 수괴로 몰아 죽이고, 가장 먼저 천주교인으로 영세를 받은 정약용의 매형 이승훈을 사형시 켰다. 이들을 천주교라는 핑계로 죽여버린 것이다.

정약용 역시 반드시 제거해야 할 대상이었다. 그러나 정약용 은 천주교에 대해 공식적인 배교를 선언하였다, 동부승지를 사직 하는 상소는 천하의 명문이다. 그는 이 상소에서 천주교를 배교하 였다고 명확히 선언하였고, 이에 대해 노론의 영수인 심환지마저 극찬을 했다. 그러니 정약용을 죽일 수는 없었다. 그래서 유배를 보냈던 것이다.

하지만, 강진으로 유배간 지 10년 만에 국왕 순조가 정약용 의 해배解配 명령을 내렸음에도 불구하고 기득권인 노론 세력들은 국왕의 명령을 따르지 않고 해배 문서를 없애버렸다. 정약용은 유 배가 풀릴 것이라 생각하고 강진의 제자들과 이별주를 나누고, 흑산도에 있는 정약전을 찾아가기로 했으나 끝내 해배 명령은 내 려오지 않았다. 기득권들이 얼마나 무서운 세력인지 알 수 있는 역사적 현실이다. 국왕의 명령도 거부하는 이 대담한 세력들!

결국 정약용은 18년 동안 유배 생활을 하게 되었고, 고향으 로 돌아왔지만 조정에서 부르지 않아 그후 18년을 초야에서 살다가 쓸쓸히 세상을 떠났다. 천하의 영재이자 백성들을 위한 창의적 정책을 마련했던 정약용, 실용적 가치관으로 당파를 초월하여 국가와 백성을 위해 헌신했던 정약용을 기득권은 손톱으로 개미를 눌러 죽이듯 제거해버렸다.

"천만 명을 죽여도 정약용 하나를 죽이지 못하면 아무도 죽이지 못한 것과 같다."고 했던 정적들의 대화는 듣기만 해도 소름 끼친다. 하지만 이 대화가 바로 그들의 진정한 마음이었다.

정약용이 이렇게 기득권에 의해 유폐된 것은 그의 파격적인 사상 때문이다. 정약용은 '탕론'湯論에서 주장하듯이, 핏줄로 이어지는 국왕의 권력을 더 이상 받아들이지 않고, 진정 백성들을 위한 능력 있는 지도자가 백성들의 군주가 되어야 한다고 열변을 토했다. 이미 200여 년 전에 오늘날의 대의민주주의 제도나 대통령 직선제와 같은 생각을 가지고 있었으니 가히 혁신적일 수밖에 없었다. 그 결과는 앞서와 같다. 죽음 아니면 '유폐'幽閉였다. 세상과 분리해서 그의 사상과 행동을 아무도 받아들이지 못하게 한 것이다.

19세기 말 위대한 동학의 지도자 최제우, 최시형, 전봉준도 마찬가지였다. 백성들의 나라를 만들고자 하는 이들의 꿈은 용인될 수 있는 일이 아니었다. 기득권의 모든 것을 붕괴시킬 수 있는 일이었다. 신분제 사회에서 평등을 부르짖고 관료들의 부정부패와 잘못된 행정 관료를 비판하고 처벌하게 해달라는 요구는 있을 수 없는 일이다. 어찌 감히 하찮은 백성들이 수령의 잘못을 비판한단 말인가? 수령들이 비록 잘못할 수는 있어도 이를 단죄하는 것은 국왕이나 조정의 고위 관료들의 몫이었다. 백성들이 아니었다. 만약 백성들이 수령의 잘못을 일일이 지적한다면 기득권의 근간이 흔들리는 것이다.

이들은 동학의 자주적 사고와 행동도 마음에 들지 않았지만 백성들 스스로가 백성을 위한 나라를 만들겠다고 하는 것을 가장 참을 수가 없었다. 백성들은 죽창을 들고 나섰고, 죽창뿐인 백성들에게 전주성이 점령되었다. 관군들 대부분이 도망을 가서 동학군은 전주성을 무혈입성하였다.

전주성을 차지한 동학군의 위세에 눌린 고종과 기득권은 전라감사 김학진을 내세워 타협하는 모습을 보이면서 한편으로는 비밀리에 청나라에 부탁해 동학군을 제거할 군대를 요청했다. 자기나라 백성을 죽여 달라고 외세의 군대를 요청하는 자들이 바로 기득권들이다, 나라야 망하든 흥하든 상관없이 자신들만의 권력과 금력을 유지하면 그만이었다.

이들에게 애국이란 단어는 존재하지 않는다. 이들에게 민족과 조국의 미래는 존재하지 않는다. 오로지 자신들만의 이익만이 존재할 뿐이다. 결국 동학군은 공주 우금치를 넘지 못하고, 일본군의 '개들링' 기관총에 의해 무참히 학살당했다. 대동세상을 꿈꾸던 백성들의 죽창은 우금치 골짜기로 떨어졌다. 그리고 조선은 일제에 강탈되었다.

지금까지 우리나라의 긴 역사에서 사대주의를 극복하고 자주를 표방한 사건, 그리고 삼국시대 이래로 기득권을 유지했던 세력에 맞서 새로운 세상을 추구하다가 끝내 패한 인물에 대한 총론을 이야기했다. 비록 패배하고 실패했지만 그래도 역사는 조금씩 나아갔다.

그럼에도 불구하고 기득권은 여전히 자신들의 권력을 지키기 위해, 자주와 혁신의 기치를 들고 다시 대동세상을 추구하는 세력을 제거하려 한다. 기득권들은 일제 강점기 독립운동가들과 해방 이후 새로운 나라를 만들고자 노력한 송진우, 여운형, 김구, 조봉암 등을 암살하거나 죄를 뒤집어씌워 죽였다. 박정희 정권은 수많은 이들을 감옥에 보내고 사법살인을 저질렀다. 장준하, 전태일과 최종길 등 배움이나 신분과 관계없이 기득권의 권력에 대항하는 이들은 모두 국가 권력으로 부터 죽였다. 그래서 우리들은 기득권들의 힘이 무서워 그들의 발밑에서 숨죽이고 살아왔다.

그러나, 우리의 민주주의를 향한 노력은 그치지 않았다. 많은 이들이 희생당하면서도 한 발 한 발 앞으로 나아갔고, 1980년 광주민주항쟁과 1987년 6월항쟁을 통해 우리의 민주주의가 살아있음을 알렸다. 그 결과 김대중, 노무현 민주정부를 만드는 성과를 거두었다. 수많은 이들이 칼바람을 견디며 광화문에 촛불을 들고 나가 박근혜를 탄핵하는, 세계적으로 유래를 찾아볼 수 없는 시민혁명도 성취했다. 그래서 우리는 이제는 이 땅에 민주주의가 완전히 정착되고 더 이상 기득권들은 발을 붙이지 못할 것이라 생각했다.

그런데, 그와 같은 생각은 우리의 완전한 착각이었다. 아니 저들이 우리를 착각하게 만들었다. 그들은 기득권을 유지하기 위해 자신들이 갖고 있는 권력의 아주 일부만을 내놓으면서 마치 민중들이 승리한 것처럼 착각하게 만들었다. 우리의 민주정부는 속았고, 그들에게 이용당했다. 그 이후 민주정부는 재벌과 연대했고, 언론 개혁 또한 이뤄내지 못했다.

그래서 자신감을 회복한 그들은 본색을 드러내고 미국, 일본과 연대하여 윤석열 정부를 만들었다. 윤석열 정부는 철저하게 기득권이 만든 괴뢰정부이다. 우리 역사 5천년을 지배한 기득권이 꼭두각시를 내세워 조종하고 있는 것이다. 참으로 무서운 세력들이다.

이들의 본질을 꿰뚫고 진짜 민중들의 대동세상을 만들고자 전면에 등장한 이가 바로 이재명이다. 따라서 그들이 보기에 이재명은 도저히 국가 지도자가 될 사람이 아니었다. 그의 이력은 기득권들의 입장에서는 한심하기 짝이 없었다. 이재명은 경상도 봉화 청량산 자락의 화전민의 아들이자, 상대원시장 청소부의 아들이고, 초등학교만 겨우 나온 검정고시 출신이다. 서울대학교도 아니고, 고려대학교도 아니고, 연세대학교도 아닌 그 아래로 평가되는 중앙대학교 출신이 어떻게 이 나라의 대통령이 된다고 설치는지 도저히 용납할 수 없었다.

그러나 그들은 자신들이 하찮게 생각한 이재명과 민초들이 함께하고 있다는 것에 놀라고 두려워하기 시작했다. 그가 가진 불굴의 의지는 자신들이 아무리 꺾으려 해도 꺾이지 않는다는 것을 알게 되었다. 검찰과 경찰력을 총동원하여 그의 마지막 먼지 하나까지 탈탈 털었지만 나오는 것이 없었다, 결국 그들은 이재명을 악마화 하기로 하였다. 그리고 사람들에게 정신적 세뇌를 하여 차도살인지계로 그를 죽이기로 하였다. 참으로 놀랄 일이다. 이재명이 너무도 두렵기 때문에 악마화가 진행되고, 마침내 사람을 세뇌하고 조종하여 그의 목에 칼을 꽂은 것이다.

지금까지 우리나라 역사에서 자주와 혁신, 그리고 대동세상을 이야기한 사람은 모두 죽였다. 하다못해 민족의 지도자인 백범 김구 선생도 죽였다. 그래서 그들은 이재명도 죽일 수 있다고 판단했다.

그러나 이재명은 죽지 않는다. 왜냐하면 이제 우리는 역사 속 우리의 영웅들이 죽도록 바라만 보던 그 사람들이 아니기 때문이다. 이재명과 함께 새로운 대동세상의 역사를 쓸 힘을 갖고 있기 때문이다. 그러한 세상을 만들기 위해 우리 역사 속에서 진보와 자주, 그리고 대동세상을 꿈꾸다 좌절된 역사를 이해하고, 이 속에서 다시 희망의 역사를 만들 힘을 가져보도록 하자.

1부

기득권에 의해
죽임을 당한
혁명가들

기득권의 뿌리 :
친명親明 사대주의

이재명을 악마화 하고 두려워하는 자들은 기본적으로 사대주의자들이다. 사대주의자들은 자신보다 더 큰 힘을 가진 자들에게 빌붙고, 자신보다 힘이 없는 이들 위에 군림한다. 그들에게 국가나 민족은 중요하지 않다. 자신들에게 부와 권력을 주는 자들이 진정 자신들의 아버지요 하늘일 뿐이다.

우리 역사에서 기득권들은 거의 대부분 사대주의 사상에 빠져 살아왔다. 삼국시대의 고구려를 제외한 백제와 신라가 그랬고, 고려시대에는 자주국을 천명하다 원元의 지배를 받으며 사대주의자들이 등장했다. 그러나 실제로 기득권들의 사대주의 사상이 만연하여 국가와 사회 전체를 지배한 것은 조선시대였다.

조선은 건국이념부터가 사대주의에서 출발했다. '사대교린'事大交隣, 즉 '큰 나라를 섬기고 작은 나라와 사귄다'라는 건국이념은 비극의 시작이다. 물론 신생 국가의 안위를 위해 형식적인 사대주의를 취한 것이고, 명나라 역시 이러한 조선의 의도를 알고 역대 국왕의 묘호에 '조'祖와 '종'宗을 허락해주었다는 이상한 변명을 늘어놓지만, 실질적으로 500년 내내 사대를 한 것은 분명한 사실이다.

조선의 사대는 이전 신라의 사대와 고려의 사대와는 근본적으로 다르다. 신라는 당나라와 연합하여 삼국을 통일하였지만 그 후에는 국가의 운명을 걸고 일대 결전을 벌여 끝내 당나라에 승리하고 독립된 국가의 위치를 성취했다. 고려 역시 거란과의 전쟁을 통해 사대의 운명을 뒤바꾸었고, 원나라와 부마 관계를 맺으며 사대관계를 맺었지만, 몽고족 특유의 문화로 부마 국가는 동일한 왕족의 국가로 인정하기 때문에 고려왕의 발언권은 원나라 황실에서도 가장 높은 편이었다.

그러나 조선의 사대는 근본적으로 달랐다. 이들은 단순히 국가의 국력이 약해서 임시방편으로 사대를 한 것이 아니라 정신적인 사대로 무릎을 꿇었다. 아니 정신적으로 사대하지 않으면 조선 사회에서 살아갈 수 없는 구조를 만들어 놓았다. 중국의 역사를 공부하지 않고는 살아갈 수 없었고, 중국의 문집을 읽지 않으면 사대부로서 행세할 수 없었다. 민족의 시조인 단군은 신화속의 인물이고, 진짜 신화 속 인물인 중국의 삼황오제는 역사의 인물이 되었다. 이러한 사대는 조선이 유지된 500여 년 내내 지속되었고, 기득권들의 사상이 되어버렸다.

자주와 평등을 외치며 사대의 틀에서 벗어나자고 외치고, 백성들에 의해 운영되는 대동세상을 만들자는 이들은 세상에서 말살시켰다. 이들은 겉으로는 유학자로서 인仁을 내세우며 도덕을 말하지만, 사대를 끊고 자주를 외치는 자들에 대해서 비정하리만큼 잔인하게 처단했다. 평민의 아이들 중에 힘이 세다는 소문이라도 나면 찾아가서 발목과 허리를 분질러 불구자로 만들었다. 이들에게는 혁명의 조짐이라도 보이면 미리 싹을 잘라야 하는 게 일이었다. 그래서 전국을 '오가작통제'五家作統制로 만들어 마을의 모든 일을 조사하고 보고받았다. 참으로 치밀한 자들이었다. 이러한 기득권 유지는 사대주의라는 엄청난 사상을 통해 정립되었고, 이들의 권력은 얼굴만 달라졌지 그 속성과 본질은 유지된 채 500년을 지나 2024년 대한민국 땅에 그대로 이어졌다.

명나라 장수 이여송의 생사당을 지어준 조선

조선의 사대주의 전모를 이해하기 위해서는 임진왜란부터 들여다봐야 한다. 일본군은 부산에 상륙한 지 20일 만에 한양에 도착했다. 그때까지 조선군은 일본군에 제대로 대응하지 못했고, 선조는 의주까지 줄행랑을 놓았다.

선조는 백성들의 안위보다 자신이 살기 위해 명나라에 군대

파견을 요청했다. 1차로 조승훈이라는 장수가 인솔하는 3천 명의 군대가 조선 땅에 들어왔는데, 일본군의 전투능력을 얕잡아 보다가 허무하게 패퇴하고 말았다.

명나라는 일본이 조선을 건너서 중국 본토로 들어오려는 걸 알고 있었다. 조선에 군대를 파견한 것은 전쟁이 명나라 땅까지 밀려오는 걸 원하지 않았기 때문이었다. 결국 명나라가 조선에 군사를 파병한 것은 조선을 구하려 온 게 아니라 명나라 땅에서 전쟁을 하지 않기 위해서였다.

1차로 보낸 군대가 참패하자 큰일 났다 싶어 이번에는 본격적으로 대군을 편성했다. 명나라에서는 오늘날의 국방부 차관쯤에 해당하는 병부우시랑 송응창과 요동군 장수 이여송이 5만여 명의 병력을 이끌고 압록강을 건너왔다.

1593년 1월에 이여송이 인솔한 명군과 조선군이 연합해 평양성을 공격하기 시작했다. 배고픔과 추위에 지쳐 있던 일본군은 조명연합군의 공격을 받고 평양성을 버리고 남쪽으로 도주하고 말았다. 이여송은 평양성을 함락한 것은 전적으로 자신의 공이라고 생각했다. 그러나 평양성을 점령한 것은 이여송의 능력도 있었겠지만 실제로 조선의 승군과 의병들의 활약 덕분이었다. 특히 평양성 탈환에 앞장선 김경서라는 맹장의 활약은 대단했다. 사명대사를 중심으로 하는 승군들의 활약은 정규 관군과 명나라 군대의 능력 이상이었다.

이처럼 평양성 탈환은 이여송과 명나라 군대만의 힘으로 이루어진 것은 아니었다. 그럼에도 이여송과 조선의 조정은 평양성 탈환이 명나라 군대의 힘에 의한 것이었다고 믿었다. 아니 그렇게 믿고 싶었던 것이다.

이여송만 과대망상증에 빠진 게 아니었다. 선조는 이여송을 대단한 장수라고 여겼다. 우리가 현명하다고 생각하는 이항복 같은 사람들조차 이여송을 높이 보았다. 뜻밖에도 이항복은 이여송의 사당을 지어주자고 하였다. 사당이라는 것은 죽은 사람을 위해 만드는 것이다. 그런데 살아있는 사람을 위해 사당을 지어주자는 것이다. 정말 어이없는 일이었다. 조선시대 사대부들의 사대주의가 얼마나 강한지를 알 수 있는 대목이다. 조정에서 이여송 사당 건립에 대해 반대 의견을 낸 이는 한 명도 없었다. 이여송에게 충성하는 것이 곧 명나라 황제에게 충성하는 것이고, 그것이 바로 자신들의 지위를 지키는 것이라 생각했기 때문이다.

사실 선조는 임진왜란 당시 한양을 떠날 때 엄청난 충격을 받았다. 자신이 비가 오는 그날 급하게 개성으로 도망을 갈 때 한양의 백성들이 자신의 가마에 돌을 던졌기 때문이다. 국왕인 자신에게 돌을 던진다는 것은 상상할 수 없는 일이었다. 그러나 백성들의 입장은 달랐다. 국왕은 곧 아버지와 같은 사람이다. 그런데 위기에 빠진 자식들을 두고 아버지가 자기만 살겠다고 도망하는 것에 백성들은 분노한 것이다. 진짜 아버지는 절대 자식을 두고 도망가지 않고 오히려 자식을 위해 목숨을 내놓는다. 하지만 선조는 자신의 목숨을 지키기 위해 백성들이 죽든 말든 관계없이 도망을 쳤고, 이에 백성들은 분노했다.

백성들이 국왕의 가마에 돌은 던진 것은 크게 보자면 유교 윤리에 어긋나는 것이다. 이는 다시 말해 기득권의 입장에서 보자면 사회 질서의 붕괴이다. 아무리 어렵다 하더라도 국왕과 고위 관료들을 지켜주어야 하는데, 백성들은 오히려 자신들에게 돌을 던졌으니 향후 국가 질서가 어지러워질 것이라 생각했다. 그래서 이들은 자신들의 기득권을 유지하기 위해 특별한 조치가 필요하다고 생각하였고, 그것을 명나라에 대한 사대, 다시 말해 새파랗게 어린 이여송의 생사당을 짓고자 한 것이다.

선조, 전시작전권을 이여송에게 넘겨주다

평양성을 탈환한 다음 선조를 만난 이여송은 마치 며칠이면 전쟁을 끝낼 수 있다는 듯이 사탕발림의 말을 늘어놓았다. 오만한 태도는 정말 참을 수 없는 수준이었다. 선조는 이여송의 허풍에 넘어가 모든 전시작전권을 이여송한테 넘겨주었다. 이여송이 조선 군대까지 다 통솔하게 된 것이다. 한국전쟁이 터졌을 때 이승만 대통령이 당시 유엔군 사령관이던 미군 사령관한테 전시작전권을 넘긴 것과 똑같은 일이었다.

평양성 전투를 치른 다음 조선의 장수들은 일본군이 어느 길로 퇴각할지 예상해서 군대를 배치해두었다. 일본군을 초토화시킬 준비를 했던 것이다. 그런데 정말 어처구니없는 일이 벌어졌다. 명나라 군대가 자신들의 적인 일본군을 보호하기 시작한 것이다. 세계 전쟁사에 유례를 찾기 힘든 어처구니없는 일이었다. 일본군은 퇴각하면서 이여송과 흥정을 벌였다. 강화를 구실로 퇴각로를 보장해달라고 한 것이다. 이여송이 그 요청을 받아들였고, 조선군한테 퇴각하는 일본군을 일체 공격하지 말라는 명령을 내렸다.

생사당까지 지어주고, 조선의 국왕인 선조가 전쟁의 모든 권한을 이여송에게 넘겨준 뒤였다. 때문에 유성룡과 순변사 이일 등은 군대를 물릴 수밖에 없었다. 이 일로 인하여 일본군에 큰 타격을 가해 전쟁을 일찍 끝낼 수 있었던 기회를 놓치게 되고 말았다. 실로 있을 수 없는 일이 벌어진 것이다. 선조와 조선 사대부들의 사대주의로 인해 전쟁이 지속되고 백성들의 삶이 피폐해진 것이다.

이 사대주의는 임진왜란 이후 더욱 공고히 조선 땅에 자리 잡았다. 조선이 망할 때까지 임진왜란 때 군대를 보내준 만력제와 명나라의 마지막 황제 신종의 제사를 지냈다. 이미 사라지고 없는 나라의 황제에게 제사를 지내지 않으면 패륜아로 몰아붙여 죽여 버리는 나라가 되었다. 기득권들은 자신들의 권력을 유지하기 위하여 말도 안 되는 변형된 사대주의 제례를 만들어 끝까지 활용했다. 그 과정에서 나라를 망가뜨리고 말았다. 그리고 그들은 나라를 버리고 외세에 빌붙어 온갖 이상한 논리를 만들어 그 권력을 유지했다. 이것이 바로 오늘 이재명을 악마화 하고 죽이려는 자들의 사상의 원천이다.

정여립의
대동세상大同世上

우리나라에서 공식적으로 처음 대동세상, 대동계를 이야기한 사람은 정여립이었다. 정여립이 너무 일찍 대동세상, 대동계를 이야기했기 때문에 선조를 비롯한 기득권에 의해서 철저하게 짓밟혀서 죽게 된 것이라고 나는 생각한다.

당시 기득권들은 정여립이 꿈꾸는 대동세상이 다시는 나타나지 못하게 정여립을 죽인 이후에도 무려 천 명 이상을 더 죽이고, 5천여 명 가까이를 유배를 보냈다. 단군 이래 우리 역사에서 한 사건으로 인해서 이렇게 많은 사람들이 죽고 유배를 당한 것은 정여립 사건이 유일하다.

1866년 병인양요로 인한 병인박해 당시에 6천여 명이나 되는 엄청난 사람들이 죽었지만 유배를 간 사람들은 많지 않았다. 그리고 당시 유교 국가에서 조상에 대한 제사를 금지하는 것은 있을 수 없는 일이기에 흥선대원군은 병인박해를 추진할 수 있었던 것이다. 여기에 천주교가 외세와 결탁했다는 논리도 먹혔기 때문에 천주교도를 탄압하는 것이 나라를 지킨다는 논리와 연결될 수 있었다.

특히 천주교 세력들이 자신들의 이데올로기였던 '무군지교'無君之敎, 즉 군왕의 존재를 인정하지 않고 제사를 금지한다고 하는 것은 조선이 갖고 있는 유교 원리를 근본적으로 부정하는 것이었다. 천주교도들은 당시 조상숭배라는 조선의 전통적 유교 원리를 부정하는 것이지 기득권들의 권한을 박탈해서 민중의 나라를 만들겠다고 한 것은 아니었다.

그런 측면에서 천주교 박해를 제외하고 민초들이 기득권들과 싸워서 새로운 세상을 만들겠다는 생각을 갖고 백성들의 나라를 꿈꾸고 실천하다가 가장 참혹하고 고통스러운 죽음을 당했던 것이 바로 정여립의 대동세상을 위한 투쟁이었다.

정여립은 왜 대동세상의 꿈을 꾼 것일까?

정여립은 원래 율곡 이이의 제자였다. 율곡 이이는 매우 뛰어난 유학자이자 당파를 초월하려고 노력했던 인물이었다. 또 율곡은 십만양병설을 주장하여 나라가 외세로부터 침략당해서 망가지는 그런 상황이 되지 않기를 진심으로 희망했다. 그런 측면에서 보자면 율곡 이이는 매우 훌륭한 사람이었다. 또 이 부분에 대해서 정여립도 율곡에 대해서 굉장히 높은 평가를 할 수밖에 없었던 상황이었다. 그럼에도 정여립은 마지막에 율곡과 사상적, 이념적 결별을 하였다.

정여립 같은 경우는 원래 율곡으로부터 학문을 배워 본인이 원하지 않았지만, 서인의 일원으로 사람들에게 각인되었다. 그러나 정여립은 자기는 동인도 서인도 아니라고 생각하였다. 정여립은 오로지 백성들이 잘 사는 나라, 백성들이 양반 사대부와 차별받지 않는 사회를 만드는 것이 꿈이었다.

정여립이 그런 꿈을 꾸는 과정에서 율곡은 공식적으로 서인의 편을 들었다. 율곡 이이가 서인의 종주宗主로 인정을 받는 상황이었기 때문에 정여립은 율곡과 결별을 하게 된 것이다. 여기서 율곡과의 결별은 배신의 개념이 아니라 바로 정여립의 고통스러운 고독한 결단으로 보아야 한다. 백성의 나라를 만들기 위해서 율곡과 연대한다는 것이 불가능해졌다는 것을 깨달았을 것으로 생각된다.

그런 측면에서 정여립은 율곡과 결별하고 관직을 그만두었다. 율곡은 대학자였음에도 불구하고 형조판서, 이조판서, 병조판서 등 여러 직책의 판서를 역임했다. 당시 율곡은 스스로는 아니라고 하였지만 권력의 가장 중심부에 있었던 사람이었다. 당시 율곡보다 조금 빠른 시대의 인물이 퇴계 이황인데, 퇴계 같은 경우는 기껏 맡았던 자리가 성균관 대사성에 불과했다. 성균관의 대사성은 요즘으로 치면 서울대학교 총장 정도 자리이다. 그 자리는 권력의 중심부에 있는 자리도 아니고, 예학과 학문사상의 상징적 존재이다. 퇴계는 바로 그런 자리에 있었고, 그래서 스스로를 '처사'라고까지 이야기할 수 있었다. 그에 반해 율곡은 그렇지 않았다.

율곡은 처사적 역할을 했지만 실제로 본인은 끊임없이 관직에 있으면서, 그것도 가장 중요 관직을 맡으며 국가 운영에 적극적으로 참여하였다. 결국 한 쪽 당파의 편을 든 것에 대해서 정여립은 실망을 했다. 율곡의 제자들 역시 아주 오랫동안 관료 생활을 한 세력들이기 때문에 율곡과 결별한 똑똑한 정여립을 조정에 남아있게 하지 않았다. 그래서 정여립은 고향 일대인 전주로 가게 됐고, 전주에서 대동세상을 만들기 위한 준비를 하게 된 것이다.

정여립은 대동세상을 위하여 여러 준비를 하고 기본 방침을 정하였다. 그 대표적인 것이 바로 신분적 차별을 없애는 '대동계'를 만든 것이다. 양반, 중인, 평민과 하다못해 노비들까지 이 '대동계' 안에 같이 어우러지게 하고자 하였다.

하지만 이러한 발상이 현실화 된다는 것이 과연 조선 사회에서 가능한 것일까? 이는 존재할 수 없는 일이었다. 상상도 할 수 없는 일이다. 어떻게 양반들이 중인들과, 상인들과 모임을 같이 할 수 있겠는가? 사농공상 체제가 공고하게 다져져 있는 조선 사회에서 사농공상을 뛰어넘고 여기에 더해 노비들까지 포함되어 있는 모임을 만드는 것은 정말 있을 수 없는 일이었다.

그러면 이런 모임이 어떻게 가능해졌을까? 그것은 바로 정여립이라고 하는 사람의 인품이 그만큼 높았고, 정여립이 꿈꾸는 대동세상의 논리가 이들에게 인정받았던 것이다. 그런 측면에서 정여립은 참으로 대단한 사람이다.

신분제 사회 안에서 대동세상이라는 것은 말하는 것조차 용납될 수 없는 것이다. '대동'大同이라고 하는 말은 공자孔子가 했던 이야기다. 그리고 그 이후에도 많은 사람들이 '대동'이라는 말을 했다. 그러나 원래 '대동'이라고 하는 것이 양반 사대부와 천민, 평민, 서얼들과 함께 어우러지는 것이라 생각하지 않았다. '대동'이라고 하는 것은 철저하게 국왕의 관점이었다. 국왕이 모든 사람들을 함께 동등하게 대해주겠다는 일종의 선언적 개념, 요즘으로 치면 립 서비스lip service 같은 것이다. 모든 사람들이 어우러지는, 모든 사람들의 신분이 철폐되는 대동세상은 아니었던 것이다.

그런 측면에서 정여립이 꿈꾸었던 '대동'이라고 하는 외침은 당시 시대적 상황에서는 놀라운 것이다. 결국 이 대동세상에 대한 새로운 계승이 바로 이재명의 '기본사회운동'이다.

이재명이 '기본사회운동'을 통해서 대동세상을 꿈꾸는 것이 바로 정여립의 '대동세상'의 계승이다. 또 기본사회운동은 단순하게 정여립의 대동계와 대동사상을 계승한 것일 뿐만 아니라 상해 임시정부 헌법안의 기본권을 계승한 것이다.

상해임시정부 헌법을 만든 사람들은 대부분이 유학자들이다. 이 유학자들은 유학 안에서의 기본권에 대한 생각들을 하게 된 것인데, 멀리 올라가게 되면 정여립의 대동세상에서의 대동 논리가 상해임시정부 헌법에서의 공화정과 기본권에 대한 내용과 연결되어진다고 생각된다. 어쨌든 중요한 것은 이재명이 갖고 있는 리더십, 아니 정여립이 갖고 있는 리더십이 당시에 많은 사람들로 하여금 대동계 계원이 되게 했고, 신분을 뛰어넘은 대동계 계원이 되게 하였다.

대동계에서 두 번째로 매우 놀랍다고 평가하는 것은 바로 군사적 역량을 강화하는 것이다. 당시에 정여립은 국제관계에 대한 명확한 이해가 있었다. 일본이 쳐들어올 것이라고 예측하고 있었고, 그래서 일본이 쳐들어왔을 때 일본을 막는 관군의 시스템만으로는 불가능하다는 걸 알았다. 때문에 당시에 민간의 군사력을 키우는 것이 필요하다고 생각했다. 그래서 정여립은 대동계원들한테 보름에 한 번씩 무예 훈련과 진법 훈련을 시키면서 일종의 준군사조직화 하고 지역을 방어하는 역할을 하게 하였다.

이는 정여립의 탁월한 혜안이 있었기 때문에 가능했다. 정여립은 시대의 변화를 읽고 있었다. 당시 일본의 조선 침략과 관련해서 정여립은 가능성이 높다고 판단했다. 일본이 전국시대가 통일되는 과정에서 전국시대 통일 이후에 조선을 공격하자고 하는 주장들이 실제로 존재했고, 그 주장들이 대마도 도주를 통해서 조선에 전달되는 상황이었다.

부산의 동래왜관 앞에서는 일찍부터 실질적인 비공식 무역업들이 존재했다. 그리고 비공식 무역업 과정에서 일본인들이 부산에 있는 사람들에게 일본의 전국시대가 통일이 되어가고 있고, 그 후에는 조선을 침공할 가능성이 있다고 이야기했다.

그래서 《조선왕조실록》에도 임진왜란이 일어나기 2년 전에 일본의 침입했다고 하는 소문이 돌아서 한양도성에 있는 백성들 10만 명이 피난을 갔다는 기록이 있을 정도다. 이런 일들이 이미 정여립이 역모를 일으킨다고 가짜뉴스를 만들기 10년 전부터 끊임없이 있었다. 그러나 당시 조정은 이 정보를 무시하고 방관했다. 당시 조정에 있는 관료들은 무능했던 것이다. 그러나 정여립은 그렇게 판단하지 않고 분명 일본인이 쳐들어올 가능성이 높다고 보았다.

백성들의 진정한 지도자는 정여립이었다

지도자는 세계의 시대적인 변화, 시대적 상황에 대해서 명확하게 인식하는 것이 가장 중요하다. 정여립은 시대의 변화와 외세에의 침입을 명확히 판단했다. 그래서 대동계 회원들한테 집중적으로 시킨 것이 군사 훈련이었다. 이러한 상황이니 백성들 입장에서는 진정한 지도자가 누구이겠는가? 국왕인 선조이겠는가, 아니면 정여립이겠는가?

그래서 정여립의 이런 군사적 역량이 뛰어나다는 것이 알려지게 됐다. 또 실제로 당시 왜구들이 전남 앞바다, 오늘날의 호남지역 앞바다 일대를 쳐들어왔을 때, 요즘으로 치면 호남지역 사령관 격인 당시 남병사는 자신들이 보유한 관군의 역량으로는 일본의 왜구들을 막아낼 수 없다고 판단하였다. 그래서 정여립에게 대동계 계원들과 함께 왜구들을 물리쳐달라고 공식적으로 요청을 했다. 정여립은 이를 수락했고, 직접 대동계 계원을 데리고 나가서 왜구들을 무찔렀다.

당시 관군이 할 수 없었던 일을 정여립의 대동계가 했는데, 그때 싸웠던 사람들의 핵심이 누구이겠는가? 백성들이었다. 그 백성들의 나라를 만들기 위해서 정여립은 아주 철저하게 준비를 했고, 그 과정에서 군사적 역량을 키움과 더불어 사람들 사이의 신분적 차별이 없어지게 된 것이다.

예전에는 전쟁을 할 때 사람들한테 조건을 내걸기도 했다. 만약에 이번에 몇 명을 죽이면 천민에서 해방시켜주겠다거나 아니면 노비에서 해방시켜주겠다는 신분제도 개선에 대한 약속을 했다. 그래서 당시 전쟁에 참여했던 노비, 천민들이 목숨을 걸고 싸워서 신분이 해방되기를 바랐다.

당시 대동계 계원들의 꿈은 무엇이었을까? 너희를 해방시켜주겠다는 것이 아니라 '이 나라 자체를 해방시켜줄 수 있다', '이 나라 자체가 백성의 나라가 될 수 있다'고 하는 것일 가능성이 높다. 그러니까 내가 조금 더 목숨을 건 투쟁으로 왜군을 막아낸다면, 더 나아가서 외세의 침입을 막고, 우리 안에서 더 이상 신분제도로 차별받지 않고 백성들이 중심이 되는 나라를 만들 수 있을 것이라고 하는 생각을 갖게 되었을 것이다.

그러니 왜적들과 맞서 싸워 물러나게 하는 것이 그 자체가 하나의 기쁨이고 희열이 되었다. 따라서 당시 대동계에 참여한 백성들이 이길 수 있었던 것이다.

당시 조정 관료들은 당연히 의구심을 갖게 되었다. 다른 지역의 백성들은 왜구들이 나타나면 도망가는데, 왜 전라도 일대에 있었던 대동계 계원들은 똑같은 백성들임에도 불구하고 저렇게 강한 군사력을 가지고 왜적들과 싸워서 이길 수 있을까 하고.

당시 기득권들이 내린 최종 결론은 무엇이었을까? 바로 정여립의 대동계가 국왕을 제거하는 것만이 아니라, 기득권 사회 전체의 시스템을 파괴하고 새로운 나라를 만들려고 한다는 것이었다. 그래서 반드시 없애야 한다는 결론을 낸 것이다.

당시에 정여립이 대동세상을 만들고자 한 것은 분명 맞다. 하지만 곧바로 신분 혁명을 하려고 했는지는 기록상으로는 알 수 없다. 그럼에도 불구하고 당시 조선 조정에서는 정여립을 죽이지 않으면 정말 백성의 나라가 될 것이라는 두려움에 떨게 됐고, 그래서 가짜뉴스를 만들어냈다.

황해도에서 가짜뉴스를 만들어 전라도에서 역모를 일으킨다고 하였다. 물론 전라도에서 역모를 준비한다는 것은 완전한 허구였다. 완벽한 허구를 가짜뉴스로 만들어 전라도 일대를 피로 물들이고, 자신들의 기득권을 지키려고 한 것이다. 이 중심에 대학자로 알려진 구봉 송익필이 있었다.

송익필은 원래 대학자로 이름이 높았는데, 그 집안이 원래 노비였다는 것 때문에 노비로 강등되었다. 신분제 사회에서나 있을 말도 안 되는 이야기다. 과거에 있었던 일로 현재 조선의 사대부와 백성들로부터 존경받는 대학자가 갑자기 노비로 전락한다는 것 자체가 인정될 수 없는 일이었다. 이러한 송익필에 대한 모함도 당쟁에서 나온 것이다. 그런데 송익필이 자신의 신분을 회복하기 위해 음모를 만들고 사건을 조작하는 데 있어 아무런 연관도 없는 정여립을 선택하였다는 것에 문제가 있다.

송익필은 정여립이 역모를 꾀하고 있다고 해주에 있는 자기의 제자들과 함께 가짜뉴스를 만들어서 선조에게 보고를 하였고, 선조는 기득권의 최정점 존재였기에 대동계를 와해시키지 않으면 안 된다고 판단해서 끝내 정여립을 죽였다

정여립의 죽음은 그와 그 가족으로만 끝나는 것이 아니었다. 정여립과 연관된 사람들이 상당수가 죽거나 유배를 가게 되었다. 정여립과 특별히 관련도 없으면서 그저 다른 이야기를 하다가 눈물을 흘렸던 사람들도 정여립을 위해 눈물을 흘렸다고 유배를 갔

다. 고을 수령이 아끼던 기생과 헤어진 것에 슬퍼하다가 눈물을 흘렸는데, 그를 제거하기 위해서 정여립의 죽음을 슬퍼해서 눈물을 흘렸다고 거짓으로 고해 죽이기도 하였다. 정여립과 조금이라도 연관되었다고 보고만 올려도 모조리 사형을 시켜버리는 정치적 사건은 세계사에도 거의 존재하지 않을 것이다.

정여립은 묘청이나 정지상, 백수한, 만적과도 비교할 수 없는 지도력을 갖추고 백성들로부터 지지를 받고 있었다. 그리고 본인도 덕성, 품성, 내공 등을 모두 갖췄던 사람이었다. 때문에 기득권 입장에서는 죽이지 않으면 안 되는 엄청난 사람이었고, 끝내 정여립은 죽임을 당했다.

만약이긴 하지만 정여립이 대동계를 조금 더 조직화하고, 대동계의 힘을 더 강하게 키웠다면 어땠을까? 호남 일대 여러 곳에 전체 대동계의 세력을 더 강하게 키웠다고 한다면 그는 죽지 않을 수도 있었을지 모른다. 대동계가 호서 지역까지 더 확대되었다면 조선 조정에서 거꾸로 정여립을 정치적 파트너로 삼아서 그와 연대하였을 것이다. 그와 맞서서 국가 분열을 일으키는 것보다는 오히려 그를 우대하고 활용하는 것이 더 나은 것이라는 정치적 판단을 하였을지도 모른다. 그러면 정여립은 죽지 않을 뿐만이 아니라 진짜 대동세상을 만들 힘을 가질 수도 있었을 것이다. 이게 내가 내린 결론이다.

선비 윤휴의 죽음 :
나라의 자주를 추구한 죄

우리 역사에서 '사문난적'^{斯文亂賊}이라는 사상범으로 죽임을 당한 첫 번째 인물이 바로 윤휴^{尹鑴}이다. 조선 숙종 때 영의정을 지낸 허적과 병조판서였던 유혁연도 같이 연루되었는데, 이 두 사람은 역모죄로 죽임을 당했다. 그런데 윤휴는 사상범으로 죽었다. 같은 마녀사냥이어도 아주 달랐던 것이다.

'사문'^{斯文}은 공자를 말하는 것이다. 여기서 잠깐 '사문'이라는 말의 어원을 이해할 필요가 있다. 공자는 주나라 문왕^{文王}을 몹시 흠모했다. 문왕 시대에 가장 이상적인 문화가 꽃피웠다고 생각했기 때문이다. 어느 날 공자가 제자들에게 자신이 죽을 날이 얼마 남지 않았나 보다고 이야기를 했다. 예전에는 수시로 문왕의 꿈을 꾸었는데, 이제는 문왕이 꿈에 잘 나타나지 않으니 죽을 날이 가까이 온 것 같다는 것이었다. 공자는 자신이 문왕의 도를 이은 사람이라고 생각했다. 그 이유는 문왕이 천하의 도인 '예'禮를 만들어낸 사람이고, 문왕을 계승한 사람은 자기밖에 없다는 이유 때문이었다. 공자는 일종의 자부심 같은 것으로 자신이 문왕을 이은 사람, 즉 '사문'斯文이라고 한 것이다. 그 후 공자를 '사문' 혹은 '만세의 사표師表'라 부르게 되었다. 그러니까 '사문난적'은 사문의 적, 곧 공자의 적인 것이다.

중국의 춘추전국시대에 제자백가라고 해서 수많은 사상이 등장했고, 그 중의 하나가 공자의 유가儒家였다. 한나라 무제 때 공자의 학문인 유교를 국가 통치이념으로 받아들이면서 유교가 국가 이데올로기가 되기 시작했다.

그러던 중에 송나라 시대에 주희朱熹라는 탁월한 학자가 등장해서 《대학》, 《중용》, 《논어》, 《맹자》 사서를 정리하였다. 주희 곧 주자가 공자의 학문, 원시 유학을 재해석한 것이 성리학이자 주자학이다.

이 주자학이 고려 말의 안향이라는 사람에 의해 우리나라에 들어오게 됐다. 성리학은 고려시대에 안향의 제자인 이제현, 이색을 거쳐 이색의 제자인 정몽주, 정도전, 길재 등을 거치며 조선의 지배이념으로 발전하게 되었다. 길재의 학문은 김숙자, 김종직, 조광조 등으로 이어지고, 다시 이이, 김장생, 송시열로 이어지면서 조선 사회가 주자 성리학 중심의 사회가 되어버린 것이다.

'사문난적' 사상범으로 몰려 처형된 윤휴

이런 상황에서 윤휴가 우리 역사 속에 등장했다. 그의 등장은 화려했고, 죽음은 기득권에 의해 비극으로 종말을 맺었다. 윤휴가 사문난적으로 몰리게 된 결정적인 계기는《중용》때문이다. 《중용》을 조선 선비의 시각으로 재정립했던 것 때문이었다.

애초에《중용》은 장이 나뉘어 있지 않았다. 그런데 이를 주희가 33장으로 나눠서 편집을 하였다. 이 중용이 오늘날 우리가 보고 공부하는《중용》이다. 공자의 의도와 관계없이 주희가 공자의 생각을 다시 정리한 것이다. 고려 말과 조선시대의 선비들은 주희가 장을 나눈《중용》으로 공부했다.

윤휴는 젊은 나이에《중용》을 읽고 깨달은 바가 컸었다. 그래서《중용》을 10개의 장으로 나누었다. 자기가 보기에는 주희가 나눈 게 적절치 않다는 생각이 들었던 것이다. 어쩌면 너무 천재여서 과도하게 학문적 처신을 한 것일 수도 있다.

어느 날 송시열이 지인의 집에 들렀더니, 그가 열심히 책을 읽고 있었다. 무슨 책이냐고 물으니, 윤휴가 정리한《중용》이라고 대답을 했다. 송시열이 깜짝 놀라서 책을 들여다보게 되었다. 그런데, 주희와 달리 윤휴가 전체를 10장으로 나누어 놓은 것을 알게 되었다. 1장은 수장首章이라고 해서 전체를 총괄하는 장이고, 나머지 장들은 수장을 보조하는 구성으로 되어 있었다. 그리고 가장 중요한 수장에 집중적으로 주註를 달아두었다. 당시에도 이

같은 윤휴의 해석이 몹시 좋은 방식이라는 이야기들이 있었던 것은 사실이다.

그런데 윤휴는 기본적으로 벼슬길에 나서지를 않았다. 관료가 되기를 원하지 않았기 때문이다. 윤휴가 관직에 나가지 않은 이유는 아마도 가문의 영향도 받았던 것 같다. 아버지는 윤효전으로, 화담 서경덕의 문인이었다. 외할아버지는 남명 조식의 제자였다. 서경덕과 조식 모두 당대의 뛰어난 학자로서 주류와는 다른 새로운 해석을 많이 한 사람들이다. 그리고 기존의 사대부들과 달리 조금 더 진보적이고, 기존 주자학에 대한 다른 해석이 가능했다. 때문에 관직보다는 학문 연구에 더 중점을 두었다.

송시열은 주자의 서술에서 일자일획을 더하고 빼서도 안 된다고 생각했다. 주자학을 벗어나면 조선 사회가 대단히 위험해진다는 극단적인 사고를 갖고 있었다. 사상적 사대주의가 너무도 극심했던 인물이 바로 송시열이었다.

송시열과 윤휴는 젊은 시절부터 서로 가깝게 교유하던 사이였다. 송시열이 나이로는 열 살 위였기 때문이었는지는 모르지만, 윤휴를 만난 송시열이 경전 해석을 그 따위로 하느냐, 주자의 해석이 그르다는 것이냐고 언성을 높여 물었다. 윤휴는 어째서 주자만이 공자의 뜻을 안다는 말이냐고 대답했다. 당시에는 놀랍고 파격적인 대답이었다. 이 대답이 훗날 윤휴를 죽음으로 몰고 간 것이라고 생각한다.

윤휴는 당시 주자의 학문을 배격한 것은 아니었다. 다만, 주자만이 오직 진리라는 주장을 받아들이지 못했던 것이다. 주자가 공자의 사상을 새롭게 해석했듯이, 조선의 선비들도 선배들의 업적을 토대로 새로운 영역을 개척해야 한다는 생각을 갖고 있었다. 새로운 생각을 하고 혁신적인 사고를 가지면 죽임을 당한다는 것을 젊은 윤휴는 생각하지 못한 것이다.

이때부터 송시열은 윤휴에 대한 반감을 갖고 있었디. 이는 윤휴 개인에 대한 반감이 아니라 기득권에 저항하고자 하는 세력들과 사상에 대한 반감이었다.

주자의 말에 일자일획을 더해도, 빼도 안 된다는 송시열의 생각은 조선 후기 사회의 지배 이데올로기가 되었다. 조선 후기 사대부들에게 주희는 조상이나 마찬가지였다. 그러니 그들에게 고향과 조상은 송나라였고, 주희와 그 후손들이었다.

주희가 살던 시대는 '존왕양이'尊王攘夷의 시대였다. 주희가 살던 송나라는 군사력이 약해 북방 오랑캐들의 핍박을 크게 받았다. 그래서 지배층은 자신들의 기득권을 지키는 것을 가장 중요하게 생각했다. 존왕양이, 즉 왕을 높이고 오랑캐를 멀리 하기 위해서는 기득권 질서체제를 유지하고 강화해야 했다. 철저히 기득권 옹호의 논리인 것이다.

반면 공자의 사상은 기득권 옹호의 논리가 아니라 굉장히 열려 있는 사상이었다. 나중에 정조가 원시 유학, 공자의 학문으로 돌아가야 한다고 강조한 이유는 사대부들이 자신들의 기득권 유지를 위해 주자를 강조하는 것을 억누르고 싶었기 때문이다.

물론 정조도 주자주의자朱子主義者였다. 그 시절에는 주자주의자 아닌 사람이 없었다. 그 시절이 얼마나 무서웠는지 아는가! 어느 고을에 수령이 새로 부임을 해서 가장 먼저 찾는 곳은 관아가 아니라 바로 향교였다. 향교에 들러서 공자를 참배해야 했다. 유교주의자라는 걸 천명하지 않으면 안 되었던 것이다.

한 사례가 정조의 측근이자 당대 천재로 소문난 이가환이다. 이가환이 충주목사로 임명되어 임지로 부임해 갔다가 뒤늦게 향교를 찾았다. 그랬더니 충주 유림들이 먼저 향교를 찾아 공자를 참배하지 않았으니 반유교주의자, 반공자주의자라고 난리가 났다. 이가환은 반공자주의자로 마녀사냥을 당해서 한 달 만에 사직 상소를 내고 고향으로 돌아갈 수밖에 없었다. 이것이 바로 조선 사회의 현실이었다.

윤휴가 송시열한테 주자만이 공자의 학문을 안다는 말이냐고 대들었을 때만 하더라도, 윤휴가 워낙 젊고 똑똑해서 송시열과 같은 서인 계열에도 윤휴를 좋아하는 사람들이 있었다. 송시열의 친구였던 윤선거 같은 사람도 "괜찮다, 젊은 나이지만 고명하지 않느냐"고 이야기할 정도였다. 고명高明은 식견이 높고 사물에 두루 밝다는 뜻이다. 그런데 송시열은 이 말을 듣고, 윤휴만 고명하고 맹자나 주자는 고명하지 않다는 말이냐며 말도 안 되는 떼를 쓰기도 했다.

이는 대학자로서 해야 할 말과 행동은 아니었다. 만약 자신이 무시할 정도의 학문적 내공이 있는 사람이 그런 소리를 하였다면 송시열은 웃고 넘어갈 수도 있었을 텐데, 윤휴 같은 천재에 대해 높은 평가를 했기 때문에 억지를 써서라도 그를 폄훼하고 난처하게 만들고 싶었던 것이다.

사문난적에 더해 불효자라는 이름을 덧씌우다

이 문제는 일단 봉합된 채 넘어갔지만, 뒤를 이어 두 가지 큰 사건이 생겼다. 정말 황당한 사건인데, 하나는 이른바 '예송논쟁' 禮訟論爭이다. 효종이 죽고 아들인 현종이 왕이 되었다. 이때 국장을 치루는 과정에서 효종의 의붓어머니인 자의대비가 얼마 동안 상복을 입어야 하느냐는 문제가 발생했다. 송시열은 효종이 비록 왕이지만 맏아들이 아닌 둘째 아들이므로 1년 동안 상복을 입으면 된다고 주장했다. 윤휴는 둘째 아들이어도 왕이므로 왕으로서의 예우에 따라 3년 동안 상복을 입어야 한다고 했다. 당시의 사대부들 가운데는 윤휴의 말이 맞는다고 생각한 사람이 많았고, 서인 내부에도 3년 상복이 옳다고 주장하는 사람들이 있었다.

그런데 논쟁이 불붙으면서 정파적 입장으로 변하게 되었다. 당시에 윤휴는 조정에 나와서 강력하게 의견을 말한 사람이 아니었다. 하지만 남인들이 이걸 논쟁으로 삼아 자신들의 세력 확대를 꾀하면서 현종한테 선대왕을 둘째 아들이라고 하는 게 말이 되느냐고 비판했다. 위기를 느낀 서인들 전체가 갑자기 똘똘 뭉치기 시작했다. 거기서 밀리면 권력을 놓칠 수 있다고 생각한 것이다. 다른 목소리를 내던 사람들도 싹 돌변해버렸다.

이들은 혼연일체가 되어 자신들의 주장을 밀어붙이기 시작했다. 결국 서인들의 주장대로 1년 설을 채택하게 되었다. 그 결과로 3년 설을 이야기한 윤휴는 다시 비난의 표적이 되고, 송시열 비판에 앞장선 남인들은 유배를 가야 했다.

시간이 흘러 현종이 죽고 숙종이 왕이 되었다. 왕위에 오른 숙종이 윤휴를 불러들였다. 윤후가 다시 조정에 나오게 된 것은 북벌 때문이었다. 송시열도 효종 때 북벌을 하자고 이야기했지만, 병자호란 때 당한 원수를 갚자고 하면서도 사실은 립 서비스에 지나지 않았다. 송시열은 그 후에 다시 북벌을 이야기하지 않았다.

윤휴는 현종에게 비밀리에 편지를 보내 북벌을 해야 된다고 이야기했다. 당시 사관들도 윤휴가 현종한테 북벌론을 주장한 것은 너무나 명백하다고 기록해 놓았다. 그러면서도 현종이 답을 하지 않았다며 윤휴를 평가절하하고 있는데, 현종이 답을 안 했을 리가 없다고 생각한다. 현종이 답을 했기 때문에 그의 아들인 숙종이 윤휴를 다시 불러들였다고 보는 것이 타당할 것이다.

윤휴 등이 중심이 되어 북벌을 계획하게 되었고, 이에 서인 세력들은 당황했다. 윤휴가 영의정이었던 허적, 병조판서 유혁연과 함께 새로운 북벌 군대를 만들려고 했다. 그리고 서인은 이를 두고 북벌을 위한 것이 아니라 자기들을 죽이려는 것이라고 판단했다. 그래서 그들은 윤휴를 어떻게든 죽이려고 했고, 그 결과 사문난적으로 몰아서 죽였다.

당시에 윤휴는 사람들에게 북벌이 가능하다는 논리를 이렇게 이야기했다. 우리에게는 활을 엄청나게 잘 쏘는 관군이 있고, 너무나 성능 좋은 대포가 있다. 그러니 우리가 가진 활과 대포를 잘 활용하면 청나라 군대를 이길 수 있다는 주장이었다.

우리는 전 세계에서 활을 가장 잘 쏘는 민족이었고, 대포 만드는 기술도 당시에는 대단히 뛰어났었다. 가슴 아픈 이야기이지만 청나라가 남한산성을 함락시킬 때 우리 대포로 공격했었다. 창덕궁 안에 보관되어 있던 대포를 청나라 군대가 남한산성 벌봉까지 가지고 올라가서 성안을 공격한 것이다. 이긍익이 쓴 《연려실기술》을 보면 인조가 있던 바로 옆방에 대포가 떨어진 걸로 기록되어 있다. 무너지는 건물 속에서 가까스로 튀어나온 인조는 청나라 홍타이지에게 바로 항복해버렸다. 당시 우리 대포는 세계적인 수준이었고, 그 후 청나라에서 집요하게 대포를 바칠 것을 요구했다.

실제로 북벌 군대로 총포부대가 존재한 적이 있었다. 러시아가 만주 북부 흑룡강 부근에 쳐들어오자 청나라가 조선에 원병을 요청했다. 이에 조선은 총포부대를 두 차례에 걸쳐 출병시켜서 러시아 군대 5천 명과 맞붙었다. 그리고 완승을 거두었다. 신유 장군이 쓴 《북정일기》에 아주 자세하게 기록돼 있다. 이러한 군사적 능력이 있는 것을 윤휴는 잘 알고 있었던 것이다.

당시에 숙종은 열다섯 살이었다. 어린 나이인데도 굉장히 합리적이고 정치적 판단력이 뛰어났다. 윤휴는 청나라에서 숙종에게 주는 책봉문서도 받지 말라고 하였다. 그만큼 자주의식이 컸기 때문이다. 그러나 그 당시 시각으로 보자면 한편으로는 과격주의자라고 할 수 있었다.

숙종은 외교 관례가 있고 하니 그런 문제로 대립각을 세울 이유가 없다면서 받고 나서 무시하면 된다고 말했다. 어린 나이지만 군주로서 합리적인 이야기를 한 것이다. 숙종은 그리고 혼란스러우니까 잘 준비해서 중국이 나중에 치러 가자고 이야기했다.

서인 입장에서는 윤휴와 남인의 영수인 허적, 그리고 유혁연이 군권을 장악하면 안 된다고 생각했다. 그래서 또 명분을 만들어내었다. 윤휴가 국왕의 어머니인 명성왕후가 너무 정치에 관여한다고 지적을 하였는데, 이를 빌미 삼아 윤휴가 효를 망각한 사람이라고 공격했다. 나라의 운영에 대비가 너무 심하게 간섭을 해서 문제 제기를 한 것인데, 이를 불효자로 만들어 공격을 감행한 것이다. 사문의 난적, 반주자주의자에 더해 불효자라는 이름을 덧씌운 것이다.

사문난적은 조선 사부들에게는 천형 같은 말

말도 안 되는 이야기지만 연거푸 집요하게 몰아붙이니까 결국 숙종도 손을 들게 되었다. 결국 상식과 비상식의 문제이지만, 마녀사냥의 올가미는 상식을 보기 좋게 무너뜨리고 말았다. 다시 반복하는 말이지만 윤휴는 주희를 반대한 적이 없었다. 그럼에도 불구하고 주자와 다른 해석을 할 수 있고, 주자의 학설을 보완할 수도 있는 것이었다.

무엇보다 주자 자신이 수도 없이 고치고 다시 썼다. 제자의 이야기를 듣고 고치기도 하고, 10년 뒤에 생각이 달라져 또 고쳐 썼다고 윤휴는 이야기했다. 학문이란 이렇게 해서 완성되는 것이다. 주자도 끊임없이 생각이 변화되었는데, 5백여 년이나 지난 주자의 생각이 무조건 절대적으로 옳을 수는 없는 것이다. 시대가 달라지면 그 달라진 시대에 맞게 공자의 학문도 재해석되어야 맞는 것이다.

그런데 서인 세력들은 자기들의 생각과 다른 말을 했다고 마녀사냥으로 몰아붙여 사문난적이라는 딱지를 붙여버렸다. 3년상을 주장했다고 다시 사문난적이라고 몰아세웠고, 국정 운영에 간섭하면 안 되는 대비의 행동을 지적했다고 불효자라는 낙인을 찍은 것이다.

그마저 부족했던지 마지막에는 남인들이 임금을 능욕하는 쿠데타를 준비했다는 가짜뉴스를 만들었다. 이 가짜뉴스에 숙종은 완전히 속아 넘어갔다. 이로 인하여 갑자기 영의정 허적과 병조판서 유혁연이 사형되고 말았다. 이 사람들에게 덧씌운 죄목은 역적죄였는데, 앞서 이야기한 대로 윤휴는 사문난적 사상범으로 몰아서 죽였다.

더 이상 반주자주의자는, 주자의 학문에 반대하거나 주자의 학문에 대해 이러쿵저러쿵 논평하는 사람은 씨를 말려버리겠다는 심산이었다. '사문난적'이란 말은 조선시대 사부들에게는 천형과 같은 것이었다. 당시 윤휴의 죽음을 목도한 사대부들은 얼마나 두려웠겠는가! 공자의 학문을 재해석할 엄두도 낼 수 없었다. 오직 주자의 의견만 추종할 뿐이었다.

오늘날의 이재명도 기득권이 볼 때 윤휴와 같은 기존의 질서를 어지럽히는 사상범이다. 아니 윤휴 이상의 반체제주의자일 수 있다. 그러니 이토록 집요하게 이재명을 악마로 만들고 죽이려고 하는 것이다. 정파적 이익 때문에 편 가르기를 하고, 마녀사냥으로 매장시키는 일이 예나 지금이나 계속되고 있다.

중요한 것은 상식과 이성이 아닐까 싶다. 이제는 진보와 보수의 개념도 좌와 우의 이념이 아니라, 상식이냐 비상식이냐의 문제일 것이다. 깨어 있는 국민이라야 이런 비상식, 몰상식을 이겨낼 수 있을 것이다. 이재명을 죽이지 않고 지키는 길은 상식의 눈으로 세상을 보는 것이다.

이인좌의 꿈과 좌절,
그리고 백성의 나라

조선 후기 기득권을 가진 노론 세력들이 21세기 들어 친일과 친미 사대세력으로 변신해 윤석열을 내세워서 자신들의 이익을 위해 권력을 휘두르고 있다. 400여 년 동안 이어진 기득권 세력이 조선시대의 '주자朱子 절대주의' 혹은 '주자 도통주의'道統主義라는 무기 대신 자본과 검찰권력이라는 무기로 '무소불위의 권력'을 만들어 냈다. 그리고 그들은 자신들이 가진 권력으로 염치도, 부끄러움도, 예의도 없이 세상을 좌지우지하고 있다.

윤석열 정부를 탄생하게 한 기득권의 역사, 즉 조선 후기에 백성들의 안위와 국가의 미래보다는 자신들의 재물 축적과 권력 장악에 더 의지를 가진 노론 기득권의 시작이 언제부터 이 땅에 뿌리박히게 되었을까 하는 생각이 들었다. 이 시작은 언제였고, 노론 기득권에 항거하여 참된 백성들의 나라를 만들려고 한 세력들은 존재하였는지, 그들의 항거는 성공하였는지 다시 생각하게 되었다. 그리고 그 항거가 제대로 준비하지 못하고 서투르게 추진했다가 실패하여 오히려 기득권에게 더 큰 명분을 주는 잘못된 결과가 나타난 것인지에 대하여 깊은 고민이 들었다. 역사에서 항거와 혁명은 잘못하면 진보보다 역으로 퇴보의 길을 걷게 만들 수 있기 때문이다.

백성들은 기득권의 힘이 강할수록 자신들의 나라, 다시 말하면 백성들의 나라를 만들고자 하는 의지도 강해진다. 이 사실을 권력을 가진 이들은 무시하고자 하나, 역사의 도도한 흐름은 이 엄청난 진리를 우리에게 이야기해준다. 그래서 차분히 생각하다 이 글을 쓴다.

이인좌의 난을 바라보는 올바른 시각

조선 영조 시대의 백성들이 새로운 나라를 만들기 위해 국왕과 기득권을 상대로 항거에 들어갔다. 바로 1728년(영조 4년)에 거행된 이인좌를 대장으로 하는 거대한 민란民亂이었다. 동학농민전쟁과 함께 조선시대 가장 큰 민중의 저항인 '이인좌의 난'은 단순히 영조가 자신의 형인 '경종'景宗을 시해하고 국왕이 되었으니, 이를 복수하고 다시 정통성이 있는 종친으로 국왕을 옹립해야 한다고 일어난 정변으로만 해석해서는 안 된다.

1728년 무신년 15일 동안의 이 대결을 영조의 집권으로 몰락한 소론, 남인 세력과 영조를 지지하여 권력을 차지한 노론 세력 간의 대결로 바라본다면, 이는 민중의 진보 역사를 올바르게 바라보는 것이 아니다. 이 항거는 조선 후기 새롭게 성장하는 백성들이 기존 기득권 세력들의 무능과 사회 체제에 대해 가진 분노가 함께 녹아든 것이고, 백성들의 정치 및 사회 참여를 통해 한 단계 발전한 사회 체제를 만들고자 하는 열망이 담긴 것이었다. 그래서 이 백성들의 항거는 실제 투쟁의 형태로 발전하지 못한 정여립의 대동계와 이몽학의 항쟁을 보다 발전적으로 계승한 것으로 보아야 한다. 그런 측면에서 우리는 이인좌를 중심으로 전개되었던 1728년의 충청과 영남 지역의 항쟁을 새롭게 바라보아야 한다.

1728년이면 영조가 집권한 지 4년이 되는 해였다. 그해 3월에 청주에서 세종의 다섯째 아들인 임영대군의 후손으로 남인南人의 명문가 출신 이인좌가 그를 따르는 백성들과 함께 무기를 들고 청주성을 점령했다. 어떻게 감히 '충청도'忠淸道라는 이름을 붙게 한 그리도 큰 '청주성'淸州城을 점령할 수 있었을까? 그 힘은 어디서 나왔을까? 이것이 바로 1728년 조선 내부의 전쟁을 이해하는 중요한 지점이다.

영조가 숙종의 장자인 경종의 뒤를 이어 조선의 국왕이 되고 나서 나라 곳곳에서 이상한 소문이 돌았다. 경종이 영조가 보낸

'간장게장'과 '단감'을 먹고 독살을 당했다는 것이다. 실제 영조는 왕세제王世弟로 동궁에 있으면서 형인 경종을 위하여 간장게장을 선물로 보냈다. 경종은 자신의 동생인 연잉군(영조)이 보낸 간장게장과 단감을 먹고 갑작스럽게 구토를 하다가 5일 만에 죽고 말았다.

경종이 죽고 나자 왕위를 이을 사람은 영조밖에 없었다. 더구나 영조는 경종에 의해 동궁으로 책봉되었고, 효종과 현종 그리고 숙종 세 명의 국왕의 피를 이어받은 유일한 인물이었다. 그렇기 때문에 그의 국왕 등극은 어느 누구도 부인할 수 없었고, 자연스러운 일이었다.

그러나 그렇게 생각하지 않은 이들도 있었다. 그것은 바로 장희빈의 죽음 이후 몰락한 남인 계열과 정권에 소외된 소론 계열의 인물들이었다. 권력에 대한 욕구가 그 어떤 국왕보다 컸던 숙종은 노론, 소론, 남인 등 각 당파를 서로 경쟁하게 하고, 이를 이용하여 자신의 권력을 유지했다. 그래서 수시로 각 당파에게 힘을 실어주었다가 다시 역모로 몰아 유배를 보내거나 죽이면서 다른 당파에게 힘을 실어주었다. 역사학계에서는 이를 '환국정치'換局政治라고 부르고 있는데, 이 과정에서 최후의 승리자는 노론이었다.

노론 세력들은 장희빈이 노론과 남인의 대결 속에 사약을 받고 죽었기 때문에 왕세자가 겉으로 자신의 감정을 드러내지 않지만 장차 숙종이 죽고 난 후 국왕이 되면 자신의 어미를 죽인 노론을 축출할 것이라고 생각했다. 그래서 노론은 숙종 재위 시에 동궁인 경종의 건강이 허약하기에 국가 운영을 할 수 없다는 명분을 만들어 동궁 교체를 추진했다.

새로운 동궁은 노론과 연대하여 장희빈을 제거하는데 크게 기여한 숙빈 최씨의 아들인 연잉군이었다. 연잉군은 노론의 절대적 지지를 받고 있었고, 어머니를 닮아 타고난 건강 체질이기도 했다. 그러나 숙종이 갑자기 죽어버렸고, 그 바람에 노론의 의도와 달리 조선의 국왕은 어쩔 수 없이 왕세자인 장희빈의 아들 경종이 차지해버렸다.

연잉군의 동궁 책봉, 그리고 노론의 권력 장악

국왕이 된 경종은 매우 조심스럽게 행동을 하였지만 권력의 핵심은 경종을 지지한 소론이 차지했다. 노론은 미래의 권력으로 당장의 소외를 극복하고자 했다. 그러다 보니 무리수를 쓰게 되었다. 노론의 중심인물인 김창집, 이이명, 이건명, 조태채 등 4명은 경종이 국왕이 된 지 1년 만에 그를 설득해서 대궐 밖에 있는 연잉군을 왕세제王世弟로 책봉하게 했다. 조금 심하게 이야기하자면 신하들이 국왕을 협박해서 만든 작품이었다. 당시 왕비가 17세에 불과하였는데, 노론 신하들은 국왕이 왕자 생산이 불가능하니 동생인 연잉군을 왕세제로 책봉해야 한다고 주장한 것이었다. 사실이는 너무도 무례한 일이었다.

그런데 문제는 왕세제 책봉 이후 2달 만에 터졌다. 연잉군의 왕세제 책봉에 성공한 이들은 더욱 욕심이 났고, 아예 연잉군으로 하여금 대리청정을 요구했다. 결국 경종은 왕세제의 대리청정을 허락하였는데, 이때 소론이 이를 극렬하게 반대했다. 그런데 경종이 왕세제의 대리청정에 대해 특별한 하교가 없자 노론 4대신들은 경종의 뜻이 확고하다고 오판하고 왕세제의 대리청정을 밀어붙였다.

그러나, 경종의 속마음은 그것이 아니었다. 김일경과 박필몽 등 소론 관료들의 대리청정 반대가 강하자, 경종은 자신의 본마음을 드러내어 노론 4대신 등 왕세제의 대리청정을 주장하던 노론 세력들에게 사약을 내리거나 유배를 보내는 것으로 소론의 권력을 강화시켰다. 이것이 그 유명한 '신임사화'辛壬士禍다.

이러한 상황에서 경종이 재위 4년 되는 해에 특별히 건강이 호전되지 않자 왕세제인 영조가 경종의 입맛을 돋게 한다고 간장게장과 생감을 올렸다. 원래 민간에서도 간장게장과 생감을 함께 먹으면 호흡곤란이 온다고 전해 내려오고 있었는데, 이를 경종에게 먹였으니 조정과 백성들 사이에서 경종 독살설이 나올 만했다.

문제는 이러한 경종의 죽음이 영조의 왕권에 영향을 준다는 것이다. 영조가 국왕이 되고 나서 노론의 대신들을 죽게 하였던 소론 강경파들이 유배를 가거나 죽음을 맞이했다. 노론이 다시 권력을 잡게 된 것이다.

그러나 영민한 영조는 노론이 권력을 잡아 소론을 내치게 되면 다시 사대부들의 전쟁이 시작될 것이라고 판단했다. 그래서 영조는 즉위 1년(1725년, 을사년) 1월 3일에 탕평에 대한 특별 교서를 발표하였다.

"붕당朋黨의 폐단이 요즈음보다 심한 적이 없었다."로 시작되는 교서는 그간 당파싸움으로 수많은 사람이 죽었고, 그들의 가족들의 원한이 지속할 것이기에 나라가 심각한 위기에 처했다고 하였다. 결국 당파를 초월하여 탕평을 하자는 눈물 어린 국왕의 호소가 있었다. 하지만 신하들은 영조의 호소를 받아들일 생각을 하지 않았다. 자신들 집단의 관직 채워주기가 가장 중요한 문제였는데, 소론과 연합을 하게 되면 관직 자리가 줄어들기 때문이었다.

작금의 현실도 마찬가지다. 윤석열 대통령은 불과 0.73% 차이로 승리하였는데도 협치는 생각하지도 않는다. 오로지 자신의 측근들로 모든 관직을 차지하려고 하는 것과 하나도 다르지 않다.

이처럼 탕평의 교서를 내렸음에도 영조는 자신의 정통성을 각인시키기 위해 즉위 다음 해 3월에 노론 4대신이 억울하게 죽었다고 공개적으로 선언하며, 이들을 신원하는 조치를 취하였다. 경종을 옹호했던 김일경, 목호룡 등은 원로대신에서 추악한 역신逆臣이 되었다. 이러한 '충역시비'는 소론에게 충격을 줄 수밖에 없었다. 노론은 전 정권에서 역적이었다는 오명을 완전히 거두어들이면서 새로운 시대에 자신들의 권력을 꿈꿨다.

이러한 상황에서 몰락 남인과 소론 세력들의 정권 탈취 투쟁이 벌어진 것이다. 여기에 더해 자연재해 등으로 경제적 상황이 어려워진 백성들이 역모를 추진하는 세력들과 자연스럽게 결합하게 되었다. 영조 초반에 전염병으로 죽은 이들이 무려 30만 명에 이를 정도였기에 백성들의 구왕과 조정에 대한 반감은 컸다. 이러한 시대적 상황에 이인좌로 대표되는 반왕反王 세력들이 백성들의 마음에 불을 지른 것이다.

무신년 정변의 주체들과 이인좌의 청주성 점령

그렇다면 백성들의 지지를 얻어 집권층들과의 전쟁을 통해 새로운 세상을 만들려고 했던 이들은 누구일까? 일단 1728년에 일어난 '정변'政變은 전국적 규모의 반란이었다. 호서, 호남, 영남의 삼남지방은 물론 경기, 평안도까지 반란 조직이 결성되었다. 중종반정과 인조반정이 일부 소수세력들이 일으킨 것과 달리 무신년 정변은 전국적이었다. 그래서 정변 이후 더욱 정국의 변화가 컸다.

정변의 주모자는 호남의 박필현, 호서의 이인좌, 영남의 정희량 3인이었다. 박필현은 본관이 반남으로, 소론 명문가의 자제였다. 아버지 박태춘은 소론 급진파의 한 사람이고, 김일경과 함께 노론 4대신을 탄핵한 박필몽의 6촌 형제였다. 한마디로 박필현은 소론 급진세력의 대표적 인물이었다.

정변의 이름까지 '이인좌의 난'이라 불리게 만든 중심인물인 이인좌는 남인의 영수 이운징의 손자였다. 그의 할머니는 숙종 15~20년까지 남인정권을 영도한 영의정 권대운의 딸이었고, 자신은 북벌론을 부르짖다 죽은 남인의 이론가 윤휴의 손녀 사위였다. 윤휴는 숙종 때의 노론 영수인 송시열에 의해 사문난적으로 몰려 죽은 인물이었다. 그는 '주자성리학'만을 고집하는 노론과 달리 조선의 주체적 학문 정립을 주장했다가 공자와 주자를 배신한 역적으로 낙인찍혀 죽었다. 청나라에 대한 북벌과 주자성리학에 대한 조선의 독자적 학문관을 주장했던 인물이니 조선 사회에서는 너무도 과격한 인물이었다. 이러한 집안의 피가 이인좌에게 흐르고 있었으니 그 인물 또한 어떠한 사람인지 알 수 있다.

이인좌는 전봉준과 비슷한 인물이라고 생각한다. 오척 단구이지만 강한 추진력을 갖고 있었고, 충청도 백성들로부터 엄청난 존경을 받고 있었다. 이러한 인물이 새로운 국왕 영조가 경종을 시해하고 국왕이 되었다면서 선대 국왕인 경종의 원수를 갚아야 한다고 하였으니 백성들이 그를 따른 것이다.

이들은 영조의 등극 직후부터 정변을 추진했다. 이인좌는 지방에서 먼저 거병하고 서울에서 호응하는 전략을 세웠다. 3월 15일에 청주성을 점령하여 그 기세를 몰아 서울로 올라가기로 했다.

그런데, 이러한 사실이 세상에 알려지지 않을 리 없었다. 이들의 역모 소식은 경기도 일대로 퍼져 나가 한강 나루는 피난민으로 발 디딜 틈이 없었고, 조정 대신들은 누가 반군과 함께하는 세력인지 알지 못해 두려워했다. 충격적인 것은 금군별장 남태징이 반란군에 참여했다는 소문이 돌았고, 이 소문으로 조정은 충격에 빠졌다. 실제 무관 최고위직의 한 명인 남태징은 이인좌와 함께 칼을 들었다.

이인좌는 3월 15일 청주성을 점령하기로 결정했다. 환한 대낮에 무기를 들고 청주성으로 들어갈 수 없어서 '장례'葬禮를 핑계로 상여 안에 무기를 감추고 성안으로 들어가게 하였다. 이인좌의 인품에 반한 기생 월례가 청주성 비장 양덕부를 자기편으로 만들어 수문장으로 하여금 성문을 열어주게 하였다. 청주목사 이봉상은 성안에 반란군이 있다는 보고를 받고도 무시하고 기생들과 유흥을 즐기고 있었다. 기생들 역시 이미 이인좌에게 포섭된 여인들이었기에 이봉상을 즐겁게 하며 군사를 동원하지 못하게 하였다.

무방비 상태에서 공격을 당한 이봉상과 관군은 아무런 저항도 하지 못하고 패배하고 말았다. 백성들이 관군을 물리치고 그 거대한 청주성을 점령했으니 백성들의 기세는 하늘을 찌를 듯했다. 아마도 동학농민군이 전주성을 점령했을 때와 거의 같은 기분이었을 것이다.

이인좌는 경종이 독살되었고, 영조가 숙종의 아들이 아닌 노론의 책사 김춘택의 아들이라고 선전하였다. 이는 확인되지 않은 사실이지만 당시에 민간에 상당히 많이 유포되고 있는 소문이었다. 이인좌는 여기에 더해 청주성 안에 경종의 위패를 받들고 제사를 지내면서 백성들의 민심을 모으려 하였다.

이러한 남인과 소론 급진파의 생각과 달리 항거에 참여한 백성들은 또 다른 생각을 꿈꾸었다. 질곡에 빠진 자신들의 삶을 변화시켜 보고자 한 것이었다. 그들은 남인과 소론 급진파의 권력 장악보다는 기존 권력자들로부터 고통받는 자신들의 삶을 해방시키는 데 주력하고자 하였다. 그래서 1728년 정변은 혁명성이 담겨 있는 것이다.

그들이 꿈꾸었던 백성의 나라, 시민의 나라

영조는 충격을 받았다. 자신이 백성을 위해 정치를 한다고 노력을 했는데 백성들이 알아주지 않는 것에 충격을 받은 것이다. 영조는 정변에 대해 신속하게 대응했다. 김중기를 총사령관으로 임명하였으나 그는 타고 갈 말이 없다며 청주로 갈 생각을 하지 않았다. 참으로 어처구니없는 일이다. 총사령관이 타고 갈 말이 없다고 움직이지 않는다는 것은 도저히 있을 수 없는 일이다. 기강의 문란은 극심했다. 정말 타고 갈 말이 없었다면 영조의 국정 운영은 무능해도 한참 무능한 것이었겠지만 김중기는 정변 세력들이 한양 도성을 점령할 수도 있다고 생각했는지 모른다.

이때 소론인 병조판서 오명항이 자청하여 총사령관으로 임명해 달라고 하였다. 영조는 그의 건의를 받아들였다. 그리고 합리적 인물로 평가받는 박문수를 종사관으로 임명했다. 그는 관군을 거느리고 수원을 거쳐 직산으로 간다고 하고는 곧장 안성으로 진격했다. 자신의 군사 중에 이인좌의 세력이 있을 것이라고 판단하고 거짓 정보를 흘린 것이다. 이인좌는 이 거짓 정보에 속고 말았다. 그래서 안성의 죽산으로 진격하였다. 이미 오명항은 군사들을 거느리고 안성 죽산의 청룡산 높은 고지를 점령하고 있었다.

칠흑같이 어두운 밤에 엄청나게 많은 이인좌의 군사들이 횃불을 들고 소리를 지르며 안성의 너른 죽주 들판으로 이동하고 있었다. 반군의 이동 소리를 들은 관군은 두려움에 떨었다. 그러나 오명항은 차분히 대응했다.

관군은 은밀히 매복해 있다가 아무것도 모르고 진격하는 반군이 다가오자 총과 대포를 쏘며 공격했다. 오로지 새로운 세상을 꿈꾸며 죽창을 들었던 '민군'民軍은 정규 군사훈련을 받지 않아 위급 상황에 대처를 할 수 없었다. 그러자 하늘을 찌를 듯한 기세는 갑작스럽게 사라지고 일거에 무너졌다. 참으로 어이없는 순간이었다.

이인좌는 대피를 하였으나 뒤이은 전투에서 생포 당하였다. 이인좌를 돕기 위하여 출병하기로 했던 호남과 영남 세력들이 모두 제때에 병력을 출격시키지 못해 모두 잡히고 말았다. 이로써 정변 반군은 청주성을 점령하는 위세를 보였지만 끝내 실패하고 말았다. 소론과 남인을 통해 소론과 남인을 제압하려는 영조의 결단력과 오명항의 탁월한 전술이 결합되어 1728년 정변 세력은 끝내 뜻을 이루지 못했다.

만약 이 항거가 성공했다면 과연 백성들의 나라를 만들 수 있었을까? 그렇지 않을 가능성이 훨씬 높다. 양반 사대부들의 나라인 조선 사회에서 기득권들이 온갖 이유와 거짓 윤리를 들어 자신들이 권력을 갖는 나라를 만들었을 것이다.

다만 기득권들은 자신들이 가지고 있던 권력을 조금 양보하여 백성들의 삶이 약간 나아지게 할 수는 있었을 것이다. 과거시험을 평민들도 함께 볼 수 있게 한다든가, 지역의 차별을 없앤다든가, 세금 문제를 대대적으로 혁신한다든가, 신분제 문제를 합리적으로 개선하는 정책이 나왔을 것이다. 하지만 백성들이 주체가 되는 나라는 쉽게 만들지 못했을 것이다. 그럼에도 거대한 변혁의 물결은 분명 있었을 것이다.

결론적으로 백성들의 나라를 만들겠다고 야심차게 출발했던 정변은 제대로 준비를 하지 못한 채 화살의 시위를 당겨 오히려 패배하고 말았다. 그 패배로 인하여 노론 기득권들은 변혁의 기운을 차단하는 데 더욱 주력하였다. 그리고 이 항거의 실패가 장기적으로는 오늘날의 윤석열 정부라는 극우 정권이 들어서게 된 원인을 제공하였다.

우리가 역사에서 배우는 매우 중요한 사실은 바로 준비되지 않은 혁명은 오히려 독이 되고, 역사의 후퇴를 가져올 수 있다는 것이다. 그렇기 때문에 우리는 더욱더 강고한 시민 연대와 차분한 준비로 항거를 시작하고 마침내 성공해야 한다.

어쨌든 역사는 영조의 승리로 마감되었다. 영조는 그나마 이 정변을 통해 탕평의 절실함을 깨달았다. 그러나 기득권은 탕평군주 영조를 곁에 내세우고 자신들의 기득권은 철저히 유지했다. 노론 기득권은 탕평이라는 이름으로 저항 세력에게 약간의 당근을 나누어 주었다. 그것으로 그들의 분노를 희석시키고 그들이 흡사 자신들과 함께 세상을 움직이는 사람들로 착각하게 만들었다. 참으로 무서운 사람들이다.

이들의 후예들이 지금 이 땅의 권력을 잡고 있다. 그러나 비록 실패하였지만 300년 전에도 백성의 나라를 만들겠다고 죽창을 들고 있어난 역사를 가지고 있는 민족이기에 우리는 몇 백년 동안 권력을 이어온 저 기득권 세력들과 싸워 이길 것이다. 300년 전 백성들이 들었던 죽창이 300년 후 오늘 광장에서 촛불로 변해 진짜 민중의 나라, 시민의 나라를 외치고 있다.

2부

권력 유지에
방해가 되면
왕도 죽였다

광해군 시대의 비극 :
현실주의 외교의 좌절

조선시대 때도 권력을 찬탈하기 위해 일으킨 쿠데타들이 있었다. 성공한 쿠데타의 대표격으로 일컬어지는 것은 단연코 인조반정이다. 하지만 인조반정은 그 진실을 들여다보면 명분이 부족했다. 기득권들이 자신들의 권력을 유지하기 위해 쿠데타를 일으키면서 국가의 미래나 백성들의 삶은 아랑곳하지 않고 황당한 사대의 명분을 만들었기 때문이다. 서인 세력과 이들에 붙어 기생하는 세력들은 이 사대의 명분을 백성들에게 강제적으로 주입시키고 이를 만세의 도덕으로 만들었다. 망가져가는 명나라에 사대하는 것이 참다운 인간의 도리라고 설파하면서 자신들은 하나도 손해 보지 않고 고통은 백성들이 지게 했다. 예나 지금이나 기득권들의 행태는 하나도 다르지 않다.

사실 우리의 역사를 더 거슬러 올라가면 조선의 건국 자체가 이미 쿠데타였다. 고려의 신하였던 이성계가 정권을 탈취해서 꼭두각시 정권을 세웠다가 마침내 고려 왕실을 뒤집고 조선을 건국했기 때문이다.

이성계의 다섯째 아들 이방원이 두 차례 왕자의 난을 일으키면서 정권을 잡은 것 역시 쿠데타라고 할 수 있다. 이방원은 1차 왕자의 난을 통해 아버지 태조를 권좌에서 물러나게 했다.

다음에 일어난 쿠데타는 수양대군에 의한 것이었다. 수양대군은 황보인과 김종서 등을 죽이고 권력을 잡았다. 계유년에 일어났다고 해서 '계유정난'이라고 부르는 이 쿠데타는 성공한 쿠데타였기 때문에 미화된 역사로 기록되었다. 그러나 이 과정에서 수많은 이들이 죽었고, 권력을 잡은 수양대군은 단종을 폐위시키고 왕위에 올라 세조가 되었다. 세조의 왕위 찬탈에 저항한 세력이 그 유명한 사육신들이었다. 성삼문, 박팽년, 하위지, 이개, 유응부, 유성원 등이 세조를 죽이고 단종을 복위시키려 했다가 실패해 모두 참형에 처해졌다.

계유정난의 뒤를 이은 왕실 쿠데타는 중종반정이다. 연산군의 학정을 더 이상 참을 수 없다며 신하들이 반기를 들었다. 연산군을 몰아낸 세력들은 원래 연산군의 측근들이고, 연산군에 아첨하여 권력을 얻었던 자들이었다. 이들은 연산군의 학정을 나 몰라라 하면서 연산군을 위해 채홍사를 운영하는 데 동의하였던 사람들이었다.

실제 《연산군일기》를 보면 충격적인 사건이 끊임없이 나온다. 자신의 사냥 놀이를 위하여 경기도 북부 일대, 오늘로 치자면 파주, 동두천, 연천, 의정부 일대에 있는 백성들의 집을 모두 철거하고 이곳을 사냥터로 만들었다. 참으로 있을 수 없는 일이다. 국가 지도자가 자신의 향락을 위해 백성들을 고통에 빠뜨렸으니 연산군은 임금으로서의 자격이 없었다.

연산군은 요즘으로 치자면 남녀 스와핑을 강제로 시켰다. 조정 관료들의 부부를 궁중으로 불러 자신이 보는 앞에서 남녀가 정사情事를 벌이게 하였다. 남녀가 유별한 것을 유독 강조한 유교 국가 조선 사회에서 감히 상상할 수 없는 일을 연산군은 아무렇지도 않게 강요했고, 권력에 눈 먼 일부 조정 관료들은 연산군과 야합하여 인간으로서 할 수 없는 금수와 같은 행동을 했다.

이런 말도 안 되는 일을 저지르는 연산군에 염증을 느낀 성희안, 유순정 같은 문관과 박원종 등의 무관이 합세해 연산군을 몰아내고 성종의 둘째 아들이었던 진성대군을 왕으로 옹립했다. 이 사건을 역사에서는 중종반정이라고 부른다.

.

쿠데타도 명분이 있어야 한다

조선의 중요 정치사에 쿠데타가 존재하였는데, 앞에 이야기한 쿠데타는 사상을 기반으로 하는 쿠데타는 아니었다. 기존 권력자들 내부에서의 권력 다툼이었다. 그렇기 때문에 역사 발전과 퇴보에 큰 영향을 주었다고 할 수는 없다. 물론 쿠데타로 인하여 억울하게 죽은 이들이 존재하였기 때문에 안타까운 점은 있다. 하지만 그럼에도 엄청난 역사의 퇴보는 없었다. 실제로 태종도 정치를 잘했고, 세조도 백성을 위한 정치를 잘했다. 그런 이유로 그들이 주장했던 것처럼 백성을 위하여 반정을 일으킨 것에 합리적 명분을 조금이나마 인정할 수 있다.

그런데 '인조반정'이라 불리는 서인세력들의 쿠데타는 근본이 달랐다. 이는 반정反正의 주체가 신하들이 아닌 인조仁祖 자신이라는 것과 '사대사상'을 쿠데타의 명분으로 내세웠다는 것이다. 이것이 기존의 이성계의 조선 건국, 이방원의 왕자의 난, 중종반정 등의 성격과는 완전히 다르다.

반정 당시 능양군으로 불리던 인조는 선조의 손자다. 선조에게는 아들이 열세 명이나 있었는데, 능양군은 선조의 다섯째 아들 정원군의 큰아들이었다. 능양군은 큰아버지 광해군을 몰아내고 자신이 왕이 되고자 하는 야욕을 가지고 있었다. 그래서 쿠데타 세력을 규합하는데, 서인 세력과 손을 잡았다. 능양군이 손을 잡은 서인 세력은 뜻밖에도 율곡 이이의 제자 그룹이었다.

율곡의 제자 그룹은 안타깝게도 모두 골수 친명파들이었다. 율곡 이이는 매우 훌륭한 정치인이자 학자였다. 그가 저술한 《동호문답》이나 《성학집요》는 매우 의미 있는 정치교과서이다. 특히 《성학집요》는 제왕학 교재로서는 조선 제일이라고 할 수 있다. 《성학집요》를 읽으면서 느끼는 바가 없다면 그는 정치 지도자가 될 자질이 아예 없는 사람이라고 감히 말할 수 있다. 그럼에도 율곡은 정치인이었고, 그의 제자들 역시 정치인이었다. 정치인의 기본은 권력을 잡고 높은 관직에 올라가는 것이다. 겉으로는 백성을 위한다고 하지만 실제 수준 낮은 정치인들은 자신의 기득권을 유지하는 것으로 정치를 대신한다.

이들이 내건 반정의 명분은 크게 두 가지였다. 하나는 광해군이 명나라에 사대하지 않는다는 것이었다. 명나라가 임진왜란 때 구원병을 보내줘서 조선이 다시 살아났는데, 그 은혜를 모른다는 거였다. 그걸 당시의 사대부들은 '재조지은'再造之恩이라고 했다. 광해군은 명나라 일방의 외교에서 벗어나 후금도 외교 상대로 중시했었다. 이는 당시 광해군이 선택할 수 있는 최선이었다. 임진왜란으로 인하여 백성들의 삶은 피폐해지고 국력은 매우 어려운 상황이었다. 때문에 후금의 침략을 막기 위한 중립외교는 국왕과 조정 관리들이 당연히 해야 할 일이었다. 그런데 이를 비난하고, 재조지은을 모르는 죄를 지었다고 힐난한 것이다.

두 번째 명분은 계모인 인목대비를 폐위시키고 이복동생 영창대군을 죽였다는 거였다. 이른바 '폐모살제'廢母殺弟의 죄를 묻는다는 거였다. 이에 대해서 광해군은 할 말이 없었다. 물론 인목대비가 광해군을 집요하게 물고 늘어져 고통스럽게 만들고 있었지만 그래도 폐위를 시키는 것은 큰 잘못이었다. 신하들의 요구를 통제하지 못한 광해군의 잘못이었다.

쿠데타라는 건 기본적으로 명분이 있어야 한다. 태조 이성계의 쿠데타라든가 중종반정 같은 것들은 나름의 명분이 있었다. 고려 말의 신진사대부들이 쿠데타 모의를 할 때 그들의 생각은 더 이상 고려 왕실로는 국가 운영을 할 수 없다는 것이었다. 그래서 나라를 바꾸기 위해 왕王씨 국왕을 이李씨 국왕으로 바꾸는 '역성혁명'易姓革命을 해야 한다고 하였다.

역성혁명의 이론적 근거는 맹자가 제공했다.《맹자》라는 책을 보면 '양혜왕 조'에 이런 내용이 나온다. 제나라 선왕이 맹자한테 "탕湯은 걸桀을 몰아내고, 무왕은 주紂를 쳐내고 천자가 되었다던데, 신하들이 군주를 죽이고 새로운 나라를 세우는 것이 옳은 일입니까?"라고 물었다.

걸왕은 하나라의 마지막 왕으로 황음무도한 군주로 유명했다. '주지육림'酒池肉林이라는 말이 이때 생긴 말로, 걸왕이 술로 연못을 만들고 숲속에 고기 안주를 빼곡히 매달아 애첩 말희와 즐겼다는 것이다. 궁녀들까지 다 옷을 벗겨서 나체로 연못에 들어가 그야말로 주지육림 속을 헤맨 것이다. 간언하는 충신들은 모두 죽이거나 내쫓았다. 그러니 나라꼴이 어떻게 되었겠는가? 결국 탕왕이 걸왕을 몰아내고 은나라를 세웠다.

주왕은 탕왕이 세운 은나라의 마지막 왕인데, 주왕 역시 걸왕과 더불어 동양 역사에서 선두를 다투는 무도한 왕이었다. 주왕의 애인이 그 유명한 달기였다. 달기는 대단한 미인인데, 요즘 표현대로 하자면 사이코패스였다. 큰 철판에 사람을 올려놓고 기름을 부은 다음 불을 때고, 그 철판 위에서 사람이 고통에 몸부림치며 죽어가는 것을 박장대소하면서 즐겼다. 한마디로 미친 것이다. 주왕은 자기 애첩이 즐거워하는 게 좋아서 계속 사람을 죽여댔다. 결국 주왕 역시 주나라 문왕과 무왕 부자에게 죽임을 당하게 되어 은나라는 망하고 주나라 시대가 열리게 된 것이다.

그러니까 아무리 무도한 왕이라도 신하된 자가 왕을 죽이고 새로운 나라를 만드는 것은 도리에 맞는 일은 아니라는 투로 물어본 것이었다. 이에 대해 맹자는 이렇게 대답했다.

"인仁이 없는 사람을 백성을 해치는 적賊이라고 하고, 의義가 없는 사람을 잔殘이라고 합니다. 그런 사람은 왕의 권위를 상실한 한낱 필부일 뿐입니다. 탕왕과 무왕이 필부를 죽였을지언정 왕을 죽였다는 말은 들어본 적이 없습니다."

그런 사람들은 왕으로 인정하지 않아도 되고, 잘못된 폭군을 죽이고 새 나라를 열어도 전혀 문제가 없다는 이야기였다. 이것이 '역성혁명'의 이론적 근거였다. 정도전이나 이성계를 추종하는 사람들은 맹자의 이 '역성혁명' 이론을 근거로 조선을 세웠던 것이다.

그런데 중종반정이나 인조반정은 왕조를 바꾸는 역성혁명이 아니었다. 바뀐 왕의 성씨가 다른 게 아니라 모두 이성계의 후손이었다. 연산군도 성종의 아들이고, 중종도 성종의 아들이었다. 또한 인조는 광해군의 조카였다.

이런 때에 해당하는 맹자가 한 이야기가 또 있었다. 바로 '역위'易位라는 말이다. 임금을 갈아치운다는 뜻이다. 여기서 중요한 것은 먼저 임금의 잘못에 대해 반복해서 신하들이 간해야 한다는 것이다.

광해군이 인조의 큰아버지이기 때문에 맹자의 '역위' 이론이 명분을 가지려면 조카가 큰아버지한테 "지금 잘못하고 계십니다. 이러이러한 점을 고쳐야 합니다." 하고 간언을 했어야 했다. 하지만 인조는 광해군에게 간언을 한 적이 없었다. '인조반정'의 명분이 되었던 인목대비 폐위를 논의하는 조회 자리에 인조의 아버지인 정원군도 참석을 했었다. 그런데 반대 의견을 전혀 낸 적이 없었다. 결과적으로 인조 부자 모두 간언한 적이 없는 것이다.

골수 친명파들, 광해군의 개혁에 맞서다

인목대비는 선조의 두 번째 왕비였다. 임진왜란이 끝나고 선조의 정비인 의인왕후가 병사하자 선조의 계비가 되었다. 선조와 서른두 살 차이가 났으니, 광해군보다 아홉 살이 어렸다. 인목대비가 아들을 낳자 정국은 풍운이 감돌기 시작했다. 광해군이 엄연히 세자 자리에 있었지만 후궁 소생이었기 때문에 인목대비는 자신의 아들 영창대군을 세자로 만들고 싶어 했다. 그래서 인목대비는 어린 영창대군에게 세자 복식을 입히는 등의 차마 있을 수 없는 행동도 서슴지 않았다.

광해군이 왕이 된 다음에도 광해군의 개혁정책을 앞장서 반대했다. 서인 세력은 인목대비와 연계해 광해군의 정책을 사사건건 반대하는 한편 광해군을 쳐낼 쿠데타를 계획했다. 원래 대비는 조정에 관여해서는 안 되는 것인데, 인목대비는 이에 아랑곳하지 않고 아주 심하게 관여했었다.

광해군의 즉위 초 여러 정책은 상당히 개혁적이었다. 무엇보다 외교 정책에서 탁월했다. 명나라를 상전처럼 받드는 '사대'事大에서 벗어나 후금이라고 하는 새로운 세력과 일정한 관계를 맺으면서 두 나라 사이에서 망가져 가는 조선이라는 나라를 지키려고 했었다. 그리고 대동법大同法을 만들어 백성들의 세금을 감면해주었다. 새로운 인재를 등용하는 정책을 펴기도 하는 등 선조와는 차별성이 나타나는 개혁정책을 추진했다.

이런 개혁정책에 대해서 당시 서인 세력들은 끊임없이 반대를 하였다. 그들의 반대 명분은 오로지 '친명사대'親明事大였다. 명나라에 사대하지 않는 광해군을 그들은 용납할 수 없었다. 여기에 더해 광해군은 여러 가지 정책 실수를 했다. 광해군의 실수가 반대 세력에게 기회를 주었다. 상당한 정도의 개혁정책을 추진했지만,

모든 정책이 완벽할 수 없기 때문에 정권의 중심에 있던 소수의 세력들이 자신들에게 유리한 정책을 펴고 이익을 취한 것도 분명한 사실이었다. 이것이 향후 우리가 막아야 할 가장 중요한 것이다.

그런 과정에서 '폐모살제'廢母殺弟가 일어나게 된 것이다. 이복동생 영창대군을 죽이고 계모인 인목대비를 폐위시켰는데, 이것은 당시 유교적 명분에는 맞지 않는 것이었다. 반대세력은 이것을 빌미로, 다시 말해 맹자가 이야기한 '역위' 이론을 내세워 반정을 도모하기로 했다. '반정'反正이란 '올바른 것을 반대한다'는 것이 아니라 '올바른 것으로 돌아간다'는 뜻이다. 광해군은 잘못되었고, 자기네가 옳다는 의미인 것이다.

그러니 어찌 되었겠는가? 서인 세력은 반정에 성공하고 나서는 광해군의 개혁정책을 전부 뒤집어버렸다. 좋은 정책이고 뭐고 가릴 것 없이 다 없애버렸다. 인조 즉위 초반부터 1~2년 사이에 광해군이 펼쳤던 정책들은 전부 사라지게 되었다. 무지한 세력들이 무지한 정책을 펼친 것이다. 오늘의 윤석열 정권과 하나도 다르지 않는 똑같은 모습을 우리는 역사에서 볼 수 있다.

인조는 능양군 시절부터 권력을 찬탈하겠다는 생각이 아주 강했다. 사실 광해군은 능양군을 철저히 무시했다. 그의 아버지 정원군은 말도 못할 싸이코패스였다. 선조의 아들 가운데 임해군, 순화군, 정원군 세 명은 백성을 탄압하고 괴롭힌 어마어마한 망

나니들이었다. 《선조실록》을 보면 정원군은 임진왜란 때 일본군과 내통해서 물건을 팔아먹기도 했다. 친일파, 부일세력의 원조격이라고 할 수 있다.

그런데 광해군이 누구인가? 일본군을 몰아내기 위해 풍찬노숙하고 숨어다니면서 의병을 일으킨 장본인이었다. 선조의 명을 받아 왕세자가 된 후 분조分朝로 활동할 때 먹을 것도 없어 쫄쫄 굶으며 임진왜란을 극복하는 데 기여한 사람이었다. 흡사 일제강점기 만주에서 먹지 못하고 추운 겨울에 제대로 입지 못하면서 목숨을 걸고 일제와 싸운 독립운동가와 같은 사람이었다. 그런 광해군이 임진왜란 때 일본군과 내통한 정원군을 인정할 수가 있었겠는가? 일반 평민이라면 모를까 임금의 자식이 일본군과 싸우다 죽어도 시원치 않을 판국에 일본군과 놀아난 것은 역모이자 패륜이었다.

심지어 정원군 수하의 노비들까지도 매일 기녀들과 어울려 술을 마시고 돌아다녔다. 처참한 전쟁의 상처가 수습도 되기 전에 말이다. 백성들에게 모범을 보이고 자중자애해야 할 사람들이 말도 안 되는 행동을 한 것이다. 정원군의 노비들은 심지어 선조의 형이었던 하원군의 부인을 납치 감금한 일도 저질렀다. 정원군은 큰어머니를 노비들이 납치했어도 모른 척할 정도로 천하의 악질이었다.

사대주의 정권이 만들어낸 비극

인조반정은 1623년 4월 11일에 일어났다. 능양군도 군대를 이끌고 합류했다. 사실은 이미 한 달 전에 쿠데타 모의가 발각이 되었다. 그런데 광해군의 애첩이었던 김개시 때문에 반정세력을 처단하지 못했다. 김개시가 잘못된 정보라고 하며 광해군의 눈과 귀를 막아버렸기 때문이다.

광해군은 참으로 무능한 군주였다. 정권을 유지할 의지가 있다면 애첩을 내쳤어야 했다. 그런데 그 애첩이 일개 상궁에 불과했음에도 국왕 못지않은 권력을 누렸고, 신하들은 그녀에게 줄을 대지 못해 안달이 났다. 김개시는 흡사 국왕처럼 행동했고, 대다수의 관료들은 그녀에게 엄청난 뇌물을 주었다. 그러면 승진도 되고 직위도 얻을 수 있었다.

반정세력 중에 일등공신이 된 이귀가 있었다. 이귀의 딸이 시집을 갔다가 남편이 일찍 죽는 바람에 청상과부가 되었는데, 궁궐에 들어가 궁녀가 되었다. 이 여자가 김상궁, 즉 김개시와 연줄을 맺게 됐고, 반정세력들은 이귀의 딸을 통해 김개시를 비롯한 광해군 주위의 사람들에게 뇌물 공세를 폈다. 그리하여 완전히 정보를 차단해버렸던 것이다.

창의문을 부수고 도성으로 진입한 반정군에 의해 쿠데타는 아주 쉽게 성공했다. 광해군은 도망치다 붙잡히고 김개시를 비롯한 측근들은 바로 처형되었다. 앞서 이야기한 인목대비가 얼마나 대단한 여자인지를 다시 한 번 확인할 수 있다. 서궁에 유폐돼 있던 인목대비에게 이귀가 사람을 보내서 광해군을 폐위시키고 능양군이 새로운 왕이 되었다며 재가를 요청하자, 인목대비는 내 아들을 죽인 당신들의 말을 어떻게 믿을 수 있느냐며 능양군이 직접 오라고 했다.

인목대비는 인조가 찾아와 인사를 하는데도 광해군을 끌고 오라고 했다. 광해군은 인목대비 앞으로 끌려와 무릎이 꿇리는 수모를 당했다. 광해군을 본 인목대비는 찢어 죽이겠다고 난리를 쳤다. 가까스로 진정을 시키고 나니까 인목대비는 인조더러 옥새를 가지고 오라고 했다. 혹시라도 인목대비가 딴마음을 먹을 수도 있기에 옥새는 왕이 보관하는 건데 왜 필요하냐고 묻자, 예로부터 옥새는 대비가 갖고 있다가 새 왕한테 전해 주는 게 예법이라고 하였다. 인목대비는 예법대로 하라고 인조를 협박했다. 보통 여인이 아니었다. 자기를 구해준 사람한테까지 이렇게 협박한 걸 보면 그 이전에 정식 대비였던 시절에는 어땠을지 미루어 짐작이 된다.

광해군은 우선 강화도로 유배를 가게 되었고, 왕비와 세자도 모두 폐서인이 되어 함께 섬에 갇히게 되었다. 폐세자는 섬을 탈출하려고 시도하다가 발각되어 사약을 받고 죽고, 왕비 유씨도 화병으로 곧바로 세상을 떠나고 말았다.

광해군이 강화도에 있으면 안 되겠다 싶었는지 조정에서는 그를 다시 제주도로 옮겼다. 제주도에서 광해군은 집 주위에 나무를 심어 죄인이 달아나지 못하게 하고 외부와 통하지 못하게 하는 위리안치를 당하였다. 광해군은 왕위에서 내려온 다음에도 18년을 더 살다가 유배지에서 쓸쓸히 죽음을 맞이했다.

그러나 여기서 중요한 것은 광해군의 폐위와 죽음이 아니다. 그가 지켜온 중립외교가 절단 나고 다시 극도의 사대가 시작된 것이다. 사대의 나라 조선으로 돌아간 것이다. 다 죽어가는 나라인 명나라를 사모하고, 그 나라에게 조공을 바치고 인조의 국왕 책봉을 승인받았다. 인조의 국왕 책봉은 평안도 철산 앞바다의 작은 섬 가도假島에 머무른 사기꾼 모문룡이 황제의 책봉문서를 가져와 인조 앞에서 낭독을 하였다. 이로 인하여 인조는 사기꾼 모문룡에게 엄청난 뇌물과 조공을 주었다. 사대가 낳은 또 다른 모욕이자 비극이었다.

조선은 인조반정 이후 사대주의가 팽배하고, '주자 도통주의'가 만연해졌다. 창의적 발상은 사라지고, 오로지 기득권자들의 권력 유지에 법과 제도가 이용되었다. 조금씩 나아지던 기득권 내려놓기는 단절되고 오히려 그들의 기득권은 더욱 공고화 되었다. 이 결과 정묘호란과 병자호란이 발생하였고, 그로 인해 백성들은 더욱 고통에 빠지게 되었다. 사대주의가 확대되면 어떠한 일이 벌어지는지 역사를 통해 명확히 알 수 있다. 그럼에도 사대주의 시대를 종식시키고 자주의 시대, 창의의 시대, 백성의 시대를 열고자 하는 의지는 꺼지지 않았다.

소현세자의 독살 :
사대주의가 몰고 간 세자의 죽음

"세자는 환국한 지 얼마 안 되어 병을 얻었고, 병을 얻은 지 며칠 만에 죽었다. 시체는 온몸이 새까맣고 뱃속에서는 피가 쏟아졌다. 검은 천으로 얼굴의 반을 덮어서 옆에서 모시던 사람도 알아보지 못했다. 낯빛은 중독된 사람과 같았는데 외부인은 아무도 몰랐다. 임금도 이를 알지 못했다. 다만 그때 종실인 진원군 이세원이 아내가 인열왕후의 동생인 관계로 내척內戚으로 염습에 참여하여 그 광경을 보고 나와서 남들에게 말한 것이다."

《인조실록》에 기록된 소현세자昭顯世子 죽음에 대한 기록이다. 장차 조선의 왕이 될 가장 유력한 후보자인 왕세자가 의문의 죽임을 당했다. 이때가 1645년(인조 23년) 4월 26일이었다.

소현세자의 죽음에 대해 인조와 조정은 갑자기 '학질'로 죽었다고 했다. 그리고 급히 장례를 치르도록 명령했다. 인조는 세자의 죽음에 대한 진실을 밝히자는 신하들의 요구도 철저히 묵살해 버렸다. 또 관료들이 세자의 염습에 반드시 참여해야 한다는 원칙도 무시하고 왕실 인척 몇 명만 참여하게 했다. 인조는 세자의 죽음에 대한 진실이 밝혀지는 것이 두려웠던 것이다.

병자호란 이후 청나라에 볼모로 끌려간 지 9년 만인 1645년 2월 중순에 조선으로 돌아온 소현세자는 백성들로부터 인기가 많았다. 그는 청나라의 수도 심양瀋陽에 있는 동안 서양 선교사들을 만나 유럽의 선진 문물을 배우고, 포로로 끌려온 조선 백성들의 삶을 위해 공동 농장을 만들었고, 중계무역까지 실시했다. 이를 통해 청나라 황제와 신하들로부터 신임도 얻었다. 기존의 친명사대주의를 배격하고 청나라와 실용적 노선을 걷고 양반 사대부들도 농사를 짓거나 상공업을 통해 경제발전을 추구하는 파격적인 제안을 하기 시작했다.

이는 기존 조선 사대부들은 물론이고 명나라에 대한 사대명분으로 집권한 인조와 서인 세력들에게는 매우 불편한 일이었다. 그가 존재해서는 자신들의 안락한 삶이 유지될 수 없었다.

병자호란으로 인한 국가의 쇠퇴와 백성들의 고통은 그들에게 중요한 문제가 아니었다. 그들이 중요하게 여기는 것은 바로 자신들의 기득권 유지이고, 그 기득권 유지의 기반은 바로 친명사대주의였다.

그런데 소현세자가 이를 깨뜨리려는 의지를 가지고 있었던 것이다. 그래서 그들은 결단을 하였다. 그리고 소현세자는 귀국 2개월 만에 의문사하고 만다. 당시 그의 나이는 34살에 불과했다.

여기에 그치지 않고 인조는 소현세자의 국상이 끝난 1647년(인조 25) 5월, 소현세자의 세 아들인 석철(12) 석린(8), 석견(4)을 제주도로 유배보냈다. 석철과 석린은 이듬해에 죽고 말았다.

누가 봐도 의문투성이였던 일련의 사건은 그대로 묻히는 듯했다. 그러나 영원히 밝혀지지 않을 것만 같았던 소현세자의 '독살' 정황이 드러나게 된다. 그것은 바로 세자 염습 당시의 이야기를 전해들은 사관史官이 남겨 놓은 기록 때문이다. '세자는 병이 난 지 수일 만에 죽었는데, 온몸이 전부 검은 빛이었고 얼굴의 일곱 구멍에서는 모두 선혈이 흘러나왔다. 곁에 있는 사람도 그 얼굴빛을 분간할 수 없어서 마치 약물에 중독돼 죽은 사람과 같았다'고 전한 것이다. 사관은 죽음을 각오한 채 소현세자의 사망이 독살일 것이라는 기록을 남긴 것이다. 이름을 알 수 없는 그 사관의 용기가 아니었다면 오늘 우리는 소현세자 죽음에 대한 진실을 영원히 몰랐을 것이다.

심양으로 떠난 소현세자

소현세자는 1612년 1월 4일 인조와 인열왕후의 장남으로 태어났다. 이름은 이왕李汪이었다. 왕汪자의 뜻이 넓다는 것이니, 아마도 능양군이던 왕자 시절의 인조가 큰아들이 세상을 넓고 크게 이롭게 하라고 이름을 지은 것이라 생각된다. 소현세자는 인조 반정의 성공과 함께 12세의 나이로 원자가 되었다. 그로부터 1년 뒤 이괄의 난으로 인조가 공주로 몽진할 때 신하들이 세자 책봉을 건의했지만 실현되지 않았고, 14세이던 1625년 1월 21일 관례를 치르고, 1월 27일 세자 책봉이 이뤄지면서 그의 일생은 탄탄대로를 달리는 듯 보였다.

인조는 일찌감치 그를 후계자로 내정하고 원자일 때부터 오윤겸, 이정구, 정엽, 정경세를 보양관으로, 산림山林(학식과 덕이 높지만 벼슬을 하지 않고 시골에서 지내는 선비)으로 이름 높았던 김장생, 장현광을 강학원의 신료로 임명했다. 세자 책봉 후에는 세자시강원에서 이원익, 윤방, 이식, 장유 등 명유들의 지도를 받게 했다. 이때부터 소현세자는 학문이 상당한 경지에 이르게 되었다. 현재 우리 시대 지성으로 평가되는 도올 김용옥 교수는 우리 역사 최고의 천재로 다산 정약용, 추사 김정희, 김대건 신부와 함께 소현세자를 이야기했다. 도올 선생은 연구 과정에서 소현세자를 만났고, 그가 정말 엄청난 인물이었음을 알게 되었다고 한다.

16세이던 1627년(인조 5년) 정묘호란으로 인조가 강화도에 피신했을 때 세자는 광해군의 전례를 따라 분조를 이끌고 전주로 내려가 남도의 민심을 수습하면서 군량미를 거두고 의병을 모집했다.

정묘화약과 함께 후금이 물러나자 그해 12월 인조는 가례도감을 설치하고 세자빈 간택을 서둘렀다. 이때 반정공신들은 당파적 이익 차원에서 국혼은 절대로 놓치지 않겠다는 국혼물실國婚勿失 정책에 따라 서인 가문과의 혼례를 밀어붙였다. 그 결과 서인이었던 참의 강석기의 딸이 세자빈으로 간택되었다. 세자와 함께 파란만장한 생을 함께한 강인한 여인 강빈姜嬪이다.

병자호란 당시 인조의 항복으로 소현세자는 1637년(인조 15년) 2월 창릉 서쪽에 있는 망원정에서 아내 강빈, 동생 봉림대군과 함께 청나라의 예친왕 도르곤을 따라 심양으로 출발했다. 이때 인조는 자식들을 전송하면서 "힘쓰도록 하라. 지나치게 화내지 말고 가볍게 보이지도 말라."라는 지극히 형식적인 훈시를 늘어놓았다.

심양으로 가는 길은 멀고도 멀었다. 청군은 북진하는 도중 우회하면서 여러 고을을 약탈하고 백성들을 사로잡았다. 일종의 노예사냥이었다. 세자 일행은 청병들의 만행을 목도하며 치를 떨었고, 견디기 힘든 추위에 몸을 떨었다. 그렇게 무참한 하루하루가 모여 두 달이 되어서야 세자 일행은 청나라의 수도 심양(현재의 요령성 선양)에 다다를 수 있었다.

소현세자가 심양에 도착한 때는 1637년 4월이었다. 소현세자와 봉림대군, 왕실 가족을 비롯한 300여 명은 새로 건축한 심양관에서 생활했다. 심양관은 조선과 청나라 사이의 대사관 같은 기능을 했고, 그곳에서 소현세자는 외교 창구 역할을 했다.

당시 소현세자를 수행했던 인원은 춘성군 남이웅을 비롯하여 박황, 박로, 이명웅, 민응협, 이시해, 정뇌경, 이회 등 세자시강원의 관리들과 이기축이 이끄는 익위사 관리들, 일꾼, 노비 등을 합쳐 5백여 명이나 되었다.

인질들이 도착하자 청나라에서는 남탑南塔 근처에 숙소를 마련해 주었다. 그곳을 통칭 관소館所라고 부른다. 오늘날 유치원으로 사용되고 있는 옛 심양관이 이곳이다. 소현세자는 청나라 관리들에게 끊임없이 공물이나 군사 문제 등 부담스런 외교 현안을 강요받았다. 그렇듯 갖은 우여곡절을 겪는 와중에도 꾸준히 현지의 민감한 정보를 수집하여 본국에 보고했고, 조선인 포로의 속환에 따른 양국의 입장을 절충하기 위해 무진 애를 썼다.

소현세자와 함께 심양으로 끌려간 봉림대군은 소현세자와 달리 절치부심하면서 생활했다. 그러나 소현세자는 그곳 관리들과 교류하면서 조선과 원만한 관계를 유지하려고 하였다. 하루는 조선과의 외교를 관장하던 예부승정 용골대라는 인물이 와서 소현세자에게 "양국이 이미 일가가 되었으니 모든 일은 반드시 그 사실을 고해야 합니다." 하고 세자를 회유하기도 하였다.

대륙에서 서양의 새로운 문화를 수용하다

청나라에서는 처음 이들이 심양에 도착했을 때는 심하게 감시하더니 시간이 경과하면서 자유스럽게 활동하도록 배려하였다. 한편 소현세자는 새로운 서양 문물에 대해서도 많은 관심을 가지고 있었다. 소현세자는 청나라에 끌려오기 전에도 정두원이 중국에서 가져온 자명종 등에 깊은 관심을 보인 적이 있었다. 새로운 문화에 대한 호기심이 강했던 것이다.

1640년(인조 18년) 연초부터 조선 조정은 청나라에 사신을 보내 인조의 병세가 심하니 사달이 나기 전에 왕세자가 문병하게 해달라고 간청했다. 그것은 청나라에서 소현세자를 돌려보내고 인조를 심양으로 불러들이려 한다는 정보를 입수한 신료들의 꼼수였다.

그 결과 소현세자는 그해 3월 일시 귀국하고 대신 다섯 살의 원손과 인조의 셋째 아들 인평대군이 심양으로 갔다. 제한적인 인질 교체였다. 인조는 그런 신하들의 조치에 화를 내며 사신을 처벌했지만 오랜만에 만난 아들만은 몹시 반겼다. 4년 만에 부왕을 만난 소현세자는 하염없이 울었고, 인조 역시 그의 등을 어루만지며 울었다. 그때까지만 해도 인조와 소현세자 사이에 부자간의 정이 남아 있었다.

다시 심양으로 돌아간 소현세자는 청나라 조정의 허락을 받아 관소 주변의 밭을 일구어 채마를 거두었고, 겨울에는 혼하潭河의 얼음을 떠서 저장하여 여름의 폭염에 대비했다. 그동안 마다했던 청군의 명나라 원정에 수시로 동행하여 대륙의 형세 변화도 지켜보았다. 소현세자는 조선과 청나라의 원만한 관계를 위해 청나라 황제의 행사나 사냥 등에 참여하며 고위 인사들과 우호적인 관계를 만들어 나갔다. 청나라와의 외교에 필요한 자금을 마련하기 위해 청나라와 무역을 하거나 토지를 경작하여 재물을 모았으며, 이를 바탕으로 조선인 포로를 구출하기도 하였다.

세자빈 강씨는 영리하고 사업 수완이 좋았다. 그래서 경제적인 문제는 세자빈 강씨가, 외교적인 문제는 소현세자가 주도하였다. 심양관 생활 초기에는 감시와 제한이 많았으나, 청나라는 점차 세자를 각별하게 대하였다. 1641년(인조 19년) 청나라는 중원 정벌을 위해 조선에 1만 명 이상의 병력을 요구했다. 그러자 소현세자는 허수아비 같은 조선군은 큰일에 거추장스럽기만 할 뿐이라고 그들을 달랜 끝에 규모를 반 이상 축소시킬 수 있었다.

그런 그에게 좋은 기회가 찾아왔다. 인조 22년(1644년) 청나라가 북경으로 천도하게 되어 세자 일행도 북경에 들어가서 약 두 달여 간 머물게 되었다. 북경에서 머무는 동안 소현세자는 탕약망湯若望·Adam Schall과 교제하였다.

아담 샬(탕약망)은 역대 중국에서 외국인으로서 가장 고위직까지 올라간 인물로, 황제 순치제의 신임을 받아 천문 관측을 담당하는 책임자로 일하고 있었다. 소현세자는 아담 샬과 교류하면서 학문과 종교에 대해 많은 것을 배웠다. 아담 샬도 소현세자와의 만남을 소중하게 여겨 서양의 천문학을 알려주고 각종 천주교

서적과 지구의·천주상 등을 선물로 주었다.

소현세자는 조선으로 돌아가면 서양 과학서적을 간행하겠다고 약속하였고, 아담 샬 역시 조선에 천주교를 선교할 수 있다는 희망을 가졌다. 소현세자는 천주교 신자인 청나라 환관을 데리고 귀국하였다. 소현세자는 아담 샬의 소개로 유럽인의 천문대를 방문하였고, 서양인 과학자들의 방문을 받았으며, 서양 역법을 소개하려고까지 하였다. 소현세자는 심양으로 돌아올 때 탕약망에게서 천문역산서와 지구의, 천주상 등을 받았다.

귀국이 확정되자 소현세자는 아담 샬을 찾아가 자신과 조선인에게 천주학과 과학기술을 가르칠 수 있는 서양 선교사를 동행하게 해달라고 부탁했다. 하지만 아담 샬은 위험 부담이 크다며 대신 영세 받은 남녀 천주교도를 보내주기로 약속했다. 그 결과 소현세자는 귀국길에 이방송, 장삼외, 유중림 등 중국인 환관과 궁녀들을 대동할 수 있었다.

"제가 저의 왕국으로 돌아가는 즉시 그것을 궁중에서 사용할 뿐만 아니라 출판하여 학자들에게 널리 알리고자 합니다. 그것들은 장차 사막에서 박학의 전당으로 바꿔 놓은 은총의 보물로 찬양될 뿐 아니라 조선인이 서구과학을 완전히 습득하는 데 도움이 되리라고 확신합니다."

_<아담 샬에게 보낸 편지>

사대의 질서를 어지럽히면 아들도 죽인다

심양에서 소현세자의 활동은 병자호란을 겪은 후 자존심이 상했던 인조와 사대부들의 정서와는 거리가 있었다. 거기다 풍문으로 들리는 소리가 청나라에서 세자를 조선으로 들여보내 국왕으로 삼고 인조를 심양으로 들어오게 한다는 소리가 전해졌다. 심지어 소현세자 귀국 전에 발생한 심기원 역모사건에서도 세자를 추대하는 소리가 나왔다. 그런 만큼 인조의 심기는 매우 불편하였다.

1644년에 청나라가 명나라의 수도인 북경을 점령하고 명나라의 마지막 황제인 숭정제가 자살하자 더 이상 청나라는 조선의 왕세자를 인질로 둘 이유가 없어졌다. 소현세자는 1645년 음력 2월에야 조선으로 돌아올 수 있었다.

이렇게 약간은 의혹을 가지고 지켜보고 있던 와중에 소현세자가 귀국하였다. 대부분의 신료들이 이를 국가의 경사로 여기고 기쁨을 감추지 않았다. 그런데, 인조는 의혹의 눈길을 보냈다. 인조는 세자에게 하례하려는 군신들의 행동을 제지하기까지 했다. 더군다나 그 동안 관소에서 끊임없이 궁핍을 호소하던 소현세자가 환국 길에 많은 시종과 희귀한 물건을 잔뜩 가져왔다. 실로 괘씸한 일이었다. 짜증스런 인조의 기색을 눈치 챈 소현세자는 비단 40필과 황금 19냥을 호조에 보냈다. 하지만 그것으로 부왕의 마음을 되돌릴 수는 없었다.

약 8년 동안의 인질생활 끝에 고국에 돌아온 소현세자는 여러 가지 기대를 하고 왔을 것이다. 앞서 북경에서 아담 샬이 천문역산서 등을 주자 이에 대한 감사의 표시로 서한을 보낸 적이 있는데, 이 서한에서 소현세자는 새로운 문물의 수용과 전파를 통해 조선을 새로운 세상으로 만들려는 의지를 드러냈었다.

인조의 냉대 속에 귀국한 소현세자는 2월 18일 돌아오자마자 병석에 누웠다. 기침과 두통, 오한과 어지럼증에 음식 맛을 모르는 증세가 계속되어, 어의들은 연일 세자를 진단하며 탕약과 침으로 치료했다.

3월 중순 들어 증상이 어느 정도 회복됨에 따라 14일부터는 탕약과 침을 중단하였다. 그러나 곧 천식과 혼곤증이 심해지면서 18일부터 다시 탕약을 먹기 시작했다.

그러나 그의 의지는 성사되지 못하고, 귀국 후 얼마 지나지 않아 병을 얻었다. 이어 며칠 동안 침을 맞다가 갑자기 죽고 말았다. 이러한 소현세자의 죽음에 대해서는 많은 의문점이 있다.

갑작스런 세자의 죽음에도 불구하고 인조는 별로 놀라는 기색이 없었다. 조선시대에 의관은 자신이 치료하던 임금이나 왕족이 죽으면 처벌받는 것이 관례였다. 그런데 인조는 이형익을 비롯한 여러 의관들에게 아무런 조치도 취하지 않았다. 대사헌 김광현이 이형익을 탄핵했지만 인조는 거꾸로 그가 세자빈 강씨의 오빠인 강문명의 장인이기에 엉뚱한 짓을 한다며 화를 냈다. 그러면서 서둘러 세자의 장례식을 치르게 했다.

소현세자 사후 약 두 달여가 경과한 윤6월, 인조는 그의 두 번째 아들인 봉림대군을 세자로 책봉하였다. 종법의 원칙대로 한다면 소현세자의 아들에게 세자의 자리가 돌아가야 했다. 하지만 인조는 이런 종법질서를 무시하고, "비록 시절이 태평할 때일지라도 반드시 장성한 군주를 얻어야 나라가 편안한데 하물며 오늘날에 있어서야!" 하며 당시 왕실 내 왕위계승권자 가운데 장성한 봉림대군을 세자로 책봉하였다.

한편 소현세자가 세상을 떠나자, 그의 부인인 강빈에 대한 비방의 말이 빗발치듯이 쏟아져 들어왔다. 결국 인조는 자신의 며느리인 강빈을 사약을 내려서 죽이고, 소현세자의 아들들인 자신의 친손자 3명을 아무렇지도 않게 제주도로 유배보냈다. 그 여파로 세자의 첫째 아들 이석철과 둘째 아들 이석린은 의문의 죽임을 당했고, 셋째 아들 이석견만 살아남았다. 참으로 비정한 할아버지가 아닐 수 없다.

이후 소현세자의 자손들은 왕좌에서 멀어졌고, 서인 권력자들에 의해 이미 존재하지도 않는 명나라만을 찾는 사대의 길로 접어들게 되었다.

사도세자의 죽음 :
기득권자들의 집단 음모

우리 왕실 역사에서 가장 비극적인 죽음은 단연코 단종과 사도세자의 죽음일 것이다. 사도세자의 비참한 죽음은 드라마 소재로 더할 나위 없이 좋은 이야깃거리이다. 장차 왕위를 이을 세자가 뒤주에 갇혀 죽은 이야기는 조선시대 500년 역사에서 가장 비극적인 역사적 사실이자 상상할 수 없는 일이라고 할 수 있다.

더구나 세자의 죽음에 세자 주위의 온 가족이 관여되어 있다는 사실은 조선시대 정치의 비정함과 아울러 당파싸움의 본질을 확인할 수 있다. 또한 사도세자의 죽음, 즉 임오화변王午禍變에 대해 아들인 정조와 부인인 혜경궁 홍씨의 해석이 다르다는 것은 이 죽음이 갖는 정치적 의미가 그만큼 크다는 것을 의미한다.

영조가 왜 사도세자를 죽였는지에 대해서는 단순히 영조와 사도세자와의 관계만을 볼 것이 아니라 그 앞의 이야기부터 알아

보아야 한다. 즉 숙종의 큰아들이자 영조 자신의 형이었던 경종과의 관계, 아니 그보다 앞서 자신의 어머니였던 숙빈 최씨와 경종의 어머니였던 장희빈과의 관계부터 보아야 한다. 이 앞선 세대의 질긴 악연이 영조로 하여금 자신의 아들인 사도세자를 죽게만들었고, 손자인 정조를 선택하게 한 것이다.

임오화변과 영조의 탕평정치

사도세자의 죽음을 역사적 용어로 '임오화변'이라고 한다. 임오년, 즉 1762년(영조 35년)에 있었던 '화변'禍變이었다는 뜻이다. '화변'이란 사전적 의미로서 매우 심한 재변이란 뜻이니, 결국 임오년인 1762년에 일어난 국가의 가장 큰 슬픈 재난이었다.

임오화변은 사건 특수한 성격과 사건이 초래한 정치적 영향으로 인하여 사건 발생 초기부터 많은 사람들의 관심을 불러일으켰다. 사람들은 주로 사건의 발생 원인을 규명하고 이에 따라 책임 소재를 밝히는 데 관심을 집중시켰다.

그러나 사건의 직접적인 당사자가 군왕과 왕세자였다. 때문에 사건의 성격이 분명하게 밝혀지지 못했다. 또한 사건에 대한 정확한 기록도 남기지 못했다.

임오화변은 사건이 발생한 이후 그에 대한 논의가 일체 금지되었다. 이 때문에 사람들이 임오화변에 대해서 기록한다는 것은 대단히 위험한 일이었다. 임오화변을 기록한 사람들은 적어도 기록을 남겨야 할 어떤 절실한 필요성이 있는 사람에 국한되었다. 이러한 기록자의 절실한 필요성은 사건의 성격을 왜곡시키는 중요한 원인이 되었다. 기록자들은 사건 자체의 성격보다는 그들과 임오화변과의 이해관계를 중심으로 사건을 기록하고 설명했다.

임오화변의 원인에 대한 당시 사람들의 주장은 대략 두 가지로 요약될 수 있다.

첫째는 임오화변을 부왕과 세자의 성격적 갈등으로 설명하는 주장이고, 둘째는 임오화변을 당파 간에 벌어진 권력투쟁의 산물로 설명하는 주장이다. 임오화변을 부자간의 성격적 갈등에서 비롯되었다고 하는 주장은 주로 임오화변에 대해 책임을 져야 할 사람과 그들의 입장을 옹호하는 사람들로부터 나왔고, 임오화변을 당파 간의 권력다툼의 결과라고 하는 주장은 주로 정치적으로 소외되어 있던 사람들과 그들의 입장을 이해하는 사람들로부터 나왔다. 그러나 임오화변의 결정적 원인은 구체적으로 파악하기 어렵다. 다만 이 두 가지가 복합적 요소로 작용하고 있다고 볼 수 있다.

이 두 가지 요소 중에서 후자의 경우 당파간의 대결에서 사도세자가 지향하는 북벌론이 상당한 비중을 차지하고 있다는 것은 최근 사도세자를 연구하는 연구자들에 의해 부각되는 내용이다. 그리고 이는 상당한 실체가 있는 것이다. 즉 사도세자를 자주파의 핵심 일원으로 보고 있는 것이다.

따라서 이 사건을 파악하기 위해서는 영조와 사도세자의 정신구조와 함께 두 부자의 관계를 보다 명확히 살펴볼 필요가 있다. 더불어 사도세자의 국방의식과 그의 군사정책을 아울러 살펴보아야 사도세자의 진면목을 확인할 수 있다.

영조는 국왕으로 즉위 후 탕평정치를 국정목표로 삼았다. '탕평'蕩平이라, 군왕은 탕탕평평한 마음으로, 그리고 신하들은 '무편무당'無偏無黨한 자세로 정치에 임하는 것을 말한다. 그러나 탕평을 외쳤던 영조 시대에도 정파는 존재하였다. 영조 역시 현실적으로 이들 정파를 인정하지 않을 수 없었다. 왜냐하면 영조 역시 노론의 기반에서 성장했기 때문이다.

영조가 노론을 기반으로 성장한 것은 그의 출생에서부터 시작되었다. 영조는 어린 시절부터 많은 정신적 어려움을 겪으며 성장하였다. 그는 생모 숙빈 최씨가 비천한 신분 출신이라는 것 때문에 주위의 사람들로부터 무시를 당했다. 또한 그의 생모가 당시에 왕세자의 모후로 위세를 떨치던 왕비 장씨의 눈에 거슬리는 존재가 됨으로써 생모는 장희빈으로부터 심한 모욕과 박해를 받았다.

숙빈 최씨는 인현왕후를 모셨던 나인 출신이었다. 따라서 본인의 의지와 관계없이 노론의 영향력 아래에 들어가게 되었다. 당시 장희빈을 비롯한 남인 세력을 제거하기 위한 노론의 노력은 숙빈 최씨의 아들인 연잉군(훗날 영조)을 노론 세력의 일원으로 성장시켰으며, 노론 4대신들이 경종을 위협하여 연잉군을 왕세제로 책봉하게 하였다.

그 때문에 즉위 후 한결같이 탕평을 외쳤지만 결국은 노론에 더 비중을 둘 수밖에 없었다. 영조는 노론을 중심으로 정치적 안정을 기한 다음 그 바탕에서 노론과 소론의 탕평을 꾀했다.

앞서 말했듯이 영조는 생모의 신분 문제와 세자의 이복동생으로서 잠재적 왕위계승권자의 위치에 있었기 때문에 처신하는 데 상당한 어려움이 있었다. 따라서 그는 어릴 때부터 언제나 자신의 위치를 지키기 위해서 오로지 조심하고 근신하는 것에 힘을 쏟지 않을 수 없었다.

그러나 영조의 이러한 노력에도 불구하고 그는 신축년(1721년·경종 1년)·임인년(1722년·경종 2년) 사이에 신하들이 세제책봉과 대리청정을 놓고 전개한 정치적 싸움에 말려들어 왕위가 탐나 형인 경종을 독살했다는 혐의를 쓰게 되었다. 이러한 혐의는 본래부터 세심한 그에게 치명적인 마음의 상처를 주게 되었다. 그는 이후 그러한 혐의를 벗기 위해 사소한 일에까지 더욱 세심하게 신경을 곤두세우게 되었다. 그는 아무리 사소한 일이라 할지라도 그것이 의리와 관계된 일이라면 그것을 의리로서 정당화시키기 위해 많은 노력을 기울였다.

영조가 내세운 탕평책은 그가 의리로서 자신의 입장을 정당화하고 실추된 왕권을 강화하는 수단이었다. 그러나 그의 이러한 노력에도 불구하고 반대자들은 그가 주장하는 탕평의 의리를 불신했고, 끝내는 무신란戊申亂(이인좌의 난)으로 비화되었다. 소론과 남인, 북인의 불만세력들인 이인좌, 정희량, 박필현 등이 영조와 노론을 타도할 목적으로 군사를 모아 난을 일으켰다. 그들은 경종을 위해 복수하고 소현세자의 증손인 밀풍군 탄을 추대할 것을 표방하고 경종의 위패를 모시고 조석으로 곡하였다. 영조는 이러한 상황이 벌어지자 당시의 소론정권에게 반란군의 토벌을 맡겼고, 반란은 십여 일 만에 평정되었다.

영조는 소론정권이 무신란을 토벌하는 데 큰 역할을 하였음에도 불구하고 안정적 왕권을 유지하기 위해 자신의 정치적 기반이었던 노론에게 주요 관직을 장악하게 하였고, 이로 인해 영조년간 노론을 중심으로 한 탕평정권이 들어서게 되었다.

아들의 탄생이 행복이라던 영조와 사도세자의 갈등

그렇다면 사도세자는 도대체 어떤 유형의 인물이었단 말인가? 영조는 정비인 정성왕후 서씨와 계비 정순왕후 김씨 모두에게서 후사를 보지 못했다. 대신 정빈 이씨와 영빈 이씨와의 사이에 효장세자와 사도세자를 두었다.

영조는 그의 나이 35세가 되었을 때 당시 하나뿐인 아들 효장세자를 잃었다. 이미 10세가 되고 세자빈까지 맞아들인 세자의 죽음은 그에게 말할 수 없는 충격을 가져다 주었다. 그러다가 7년 뒤인 42세에 다시 얻은 아들이 바로 사도세자였다. 그는 아들이 태어나자 아들을 무척이나 사랑했고, 자신의 모든 소망을 아들에게 집중시켰다.

영조는 이미 큰아들인 효장세자를 잃었다. 때문에 사도세자가 탄생하자 "삼종의 핏줄이 끊어지는가 했더니 이제는 지하에 가서 열조列朝를 뵈올 수 있게 되었다."고 할 정도로 기쁨을 감추지 못했다. 정조가 저술한 사도세자의 일대기인 《현륭원지》에 의하면 사도세자는 세 살 때부터 글자의 뜻을 알고 '王'(왕)이라고 쓴 글자를 보고 영조를 가리키고, '世子'(세자)라고 쓴 데를 보고 자기를 가리켰으며, 또 '天地'(천지), '父母'(부모) 등의 63자의 글씨를 알고 있었다고 한다. 또한 태어나기 전부터 구름이 가득했고, 태어나서의 울음소리가 큰 종을 치는 소리와 같았다고 표현할 정도로 무협소설의 주인공 같은 이야기가 기록되어 있다.

사도세자는 천성이 어질고 너그러웠을 뿐만 아니라 배우지 않고도 글씨와 그림에 뛰어나 부왕인 영조와 같이 그림 그리기를 좋아했다고 한다. 예술가적 기질을 타고난 것이라 하겠다. 훗날 정조가 '파초도' 등 뛰어난 그림과 글씨를 남기게 된 것은 사도세자의 예술가적 기질을 그대로 물려받은 것이라 할 수 있다.

새로 얻은 아들을 너무도 사랑했던 영조는 세자가 태어난 지

백일이 지나자 세자를 생모의 품에서 떼어내어 저승궁儲承宮으로 보내어 위의威儀를 갖추게 하였다. 이런 이유로 어린 세자는 저승궁에 격리된 채 그를 둘러싸고 있는 나인들의 품에서 성장하게 되었다. 영조가 이렇게 한 것은 세자를 사랑하지 않아서가 아니라 자식에 대한 사랑보다 삼백년 종사를 이어갈 세자로서의 체모를 보다 중요하게 여겼기 때문이다. 또한 저승궁의 나인들이 경종을 모셨던 나인들이었기에 영조는 자신의 형이자 선왕이었던 경종에 대한 미안함과 경종 독살설에 대한 세간의 의심을 종식시키고자 함이었다. 그러나 어린 세자의 입장에서 보면 부왕이 생각하고 있는 것처럼 삼백년 종사가 의미있게 받아들여질 까닭이 없었다.

저승궁에서 경종을 모신 나인들은 원래 세자의 생모인 영빈 이씨보다 윗전 나인들이었다. 때문에 점차 영빈을 업신여기고 영빈에게 '비록 세자를 낳았지만 사친이기 때문에 군신의 의가 있다. 따라서 번번이 세자를 보게 해서는 안 되며, 볼 때에는 반드시 빈이 정전正殿을 뵙는 예를 행해야 한다.'고 요구하였다.

이렇게 되자 영빈이 세자를 보러 가는 횟수가 자연히 줄어들었을 뿐만 아니라 그곳에 가는 것조차 꺼리게 되었다. 영조 또한 이 사실을 알게 되자 나인들이 보기 싫어 세자에게로 가는 것을 꺼렸다. 이러한 가운데 세자는 나인들의 품에서 놀이 등에 빠져들어 차츰 부모의 눈치를 살피고 부모를 두려워하게 되었다.

조급하고 민첩한 성격의 영조에 비해 세자는 말수가 적고 행동이 느린 편이었다. 이러한 세자의 모습이 영조의 입장에서는 못마땅했고, 그렇게 누적된 불만은 부자 사이를 더욱 벌려 놓았다. 무엇이든 마음에 맞지 않는 일이 있으면 참지 못하는 영조는 세자의 우물쭈물하고 민첩하지 못한 행동을 볼 때마다 즉석에서 화를 내고 꾸짖었고, 세자는 부왕의 이러한 모습에 두려워하고 반발하게 되었다.

세자의 성격이 급격하게 이상異常으로 치닫게 된 것은 세자의 부왕에 대한 두려움이 커지는 것과 함께 부왕에 대한 불신이 싹트면서였다. 영조는 세자에게 〈대훈〉, 〈자성편〉, 〈심감〉 등의 책을 저술하여 세자에게 주면서 훌륭한 군왕이 될 수 있도록 열심히 공부할 것을 훈계하였다. 그러나 이것은 체모와 위의를 좋아하는 영조의 형식적인 사랑일 뿐 세자를 조용한 때에 친근히 앉혀 놓고 진정을 가르치는 일은 없었다. 그는 대부분 자기 자랑 비슷한 애기들을 장황하게 늘어놓은 책들을 세자에게 지어줌으로써 오히려 심적인 부담만 가중시켰다.

사도세자가 역모를 꾀하였다는 가짜뉴스

사도세자는 북벌을 주장했던 효종과 외모가 닮았다는 소리를 들을 정도로 기골이 장대한 데다가 장난감 무기를 가지고 전쟁놀이를 즐겨할 만큼 어려서부터 풍부한 무사적 기질을 보였다. 자라면서 칼쓰기와 활쏘기를 위시한 기예에 특히 뛰어났고, 유교 경전보다는 점복을 비롯한 잡서들을 즐겨 읽었다.

당시 궁중에는 효종이 사용하던 청룡도가 있었는데, 당시 무예의 고수들도 무거워서 제대로 사용하지 못하였다. 그러나 사도세자는 15, 16세부터 이 청룡도를 자유롭게 사용할 정도로 신체 조건과 무예에 대한 능력이 뛰어났다.

이러한 상황에서 1762년(영조 38년) 5월 22일, 나경언이 형조에 고변서를 올렸다. 고변의 내용은 국왕 주위의 내시들이 역모를 꾸미고 있다는 것이었다. 형조참의 이회중은 그 처리를 놓고 고심하다가 먼저 영의정 홍봉한에게 알렸다. 홍봉한은 나경언의 고변서를 영조에게 알려야 한다는 쪽으로 결론을 내렸다.

고변서를 본 영조는 즉시 홍봉한, 윤동도, 신만 등과 함께 친국을 실시했다. 친국 도중 나경언은 그의 옷 속에서 한 통의 글을 꺼내 왕에게 올렸다. 글에는 세자의 비행이 십여 조목에 걸쳐 자세히 기록되어 있었다. 세자의 작은 비행, 왕손의 어머니를 죽인 일, 낭비와 시전 상인들에 대한 부채 등에 관한 것이었다. 이를 통해 세자의 비행 전모를 알게 된 영조는 엄청난 충격을 받았다. 대신들은 이미 다 알고 있었지만 영조에게는 대부분이 금시초문이었다.

1762년(영조 38년) 윤5월 13일, 영조는 칼을 휘두르며 세자에게 자결할 것을 명하였다. 그러나 세자는 두려움에 떨지 않았다. 세자는 오히려 "부왕께서 죽으라면 죽겠다."고 했다. 영조는 대성통곡하는 신하들을 내쫓았다. 그리고 다시 세자에게 칼을 던져 자결할 것을 재촉했다. 세자는 옷소매를 찢어 목을 묶는 시늉을 했고, 강관講官은 그러한 세자를 말렸다. 그러기를 여러 차례, 세자도 이제는 어쩔 수 없음을 알고 세손과 이별하게 해달라고 요청했다. 영조는 아비를 살려달라는 세손의 애원에도 아랑곳하지 않고 손수 세자를 뒤주 속에 가둔 다음 뒤주의 뚜껑에 자물쇠를 채우고 못을 박았다. 사도세자는 8일 동안 버텼지만 끝내 굶어 죽었다.

북벌을 주장하며 자주를 외친 사도세자의 죽음

그렇다면 앞서의 이야기처럼 사도세자는 왜 죽었을까? 그것은 그가 북벌을 주장하며 군사력 증진에 힘썼기 때문이라고 볼 수 있다. 안정론을 가지고 국정운영을 하는 영조와 효종의 뜻을 이어 북벌을 주장하는 세자와의 대립이 그것이라고 볼 수 있다. 그런 측면에서 사도세자의 죽음을 바라볼 필요가 있고, 그 과정에서 사도세자가 국방 강화를 위하여 어떠한 정책을 추진하고, 왜 18기를 정리하여 《무예신보》를 편찬하였는가를 이해하여야 한다.

사도세자는 《무예신보》를 편찬한 이유에 대해 다음과 같이 밝혔다.

"우리 국토가 너무 좁아 무武를 쓸 곳도 없지만 그래도 동쪽으로는 왜倭와 접하고, 북쪽으로는 오랑캐와 이웃하였으며, 서쪽과 남쪽의 큰 바다는 옛날의 중원中原인 셈이다. 지금은 비록 국경 지대가 무사하다지만 국가가 견고할 수 있는 계책을 간구하여야 한다. 더구나 효종께서 뜻하신 바를 아직 펴지 못해 북쪽에 있는 작은 단壇이 우리의 적개심을 불태우고 있다. 병기兵器라는 것은 국가가 안정되어 아무 일이 없을 때라도 성인聖人들은 그것을 만들어 두고 외적을 대비했었다. 하물며 우리나라는 효종이 마음에 두신 일까지 겸하고 있는 입장이니 더 말할 게 있겠는가."

《현륭원지》

즉 사도세자는 지금이 비록 국가의 안정기라 하더라도 무武를 소홀히 할 수 없는 것이며, 더구나 효종이 꿈꾸었던 북벌을 이루기 위해서 더욱 무예를 닦아야 한다고 생각한 것이다. 당시 북벌이 가능한 일은 아니었지만 효종의 뜻을 이어 국력을 강화하고 남한산성의 치욕을 갚아야 한다는 원대한 포부를 가지고 있었다. 이는 사도세자의 호탕한 기운과 불우한 처지를 극복하고자 하는 안타까움이 내포되어 있기도 하다. 사도세자는 무인의 기질을 타고 났고 청의 예속에서 벗어난 조선의 자주화를 추구하였던 인물이었다.

사도세자는 대리청정 초기 아버지 영조의 도움을 받아 무리 없는 정국운영을 하였다. 이 과정에서 사도세자는 기존의 무반 가문과 외척에 대한 불만을 드러냈고, 결국 영조의 측근 신하들과의 관계가 악화되면서 자연스럽게 부자간의 관계가 비정상적 형태로 발전하였다.

노론과 소론 대립관계에서 소론을 지지하던 사도세자는 탕평을 주장함에도 불구하고 노론을 후원하는 영조와의 관계가 악화되면서 정치적 능력을 대부분 상실하였다. 사도세자는 대리청정을 하면서 기득권들에게 자신들의 권력을 조금씩이라도 내려놓으라고 요구하였다. 세금을 조금 더 내야 하고, 관직도 너무 독점하지 말아야 한다고 요구했다. 금력과 권력을 너무 많이 독점하는 것은 올바른 것이 아니라는 게 사도세자의 생각이었다.

이러한 사도세자의 생각을 과연 기득권들이 받아들일 수 있을까? 그들은 사도세자를 받아들일 수 없었다. 그렇다면 결론은 무엇일까? 바로 그를 죽이는 것이다. 장차 이 나라의 왕이 될 사람일지라도 자신들의 이익에 부합하지 않으면 그들은 왕세자도 죽일 수 있는 사람들이었다.

그들은 왕세자를 죽이기 위해 먼저 국왕을 움직였다. 끊임없이 가짜뉴스를 만들어 국왕을 세뇌시켰다. 가스라이팅 전문가들이 국왕의 눈과 귀를 막고 오로지 아들이 잘못된 사람이고, 아들이 당신의 왕좌를 빼앗아 조선의 국왕이 될 것이라고 하였다. 영조는 기득권들의 가스라이팅에 넘어갔다. 그리고는 마침내 아들을 죽이기로 작정하였다.

아들에게 칼을 던져주고 자살을 하라고 명령하고, 마침내 아들에게 뒤주로 들어가라고 명령했다. 윤5월 중순의 뙤약볕, 양력 7월 중순의 그 더운 여름날 사도세자는 아버지의 명으로 뒤주에 들어가 8일 동안 물 한 모금, 쌀 한 줌을 먹지 못하고 끝내 질식사하였다.

자신들과 뜻이 다르고 자신들의 기득권을 억누르려 하고자 한다는 그 이유만으로 장차 나라의 왕이 될 왕세자도 죽이는 사람들이 바로 조선의 사대주의자들이요, 유학자들이었다. 사도세자를 죽인 세력들은 계속해서 정조 시대에도 기득권을 유지하고 마침내 정조의 의문사에도 깊이 관여되었다. 조선은 이렇게 기득권들에 의해 붕괴되어 가고 있었다.

정조의 의문사 :
개혁을 추구하면 국왕도 죽인다

1800년 5월 30일, 정조는 창덕궁 인정전에서 현재까지 진행된 개혁보다 더 강도높은 개혁을 천명하였다. 지난 24년간 다양한 개혁정책을 펼쳐왔던 정조가 이전의 개혁과는 비교도 할 수 없을 정도의 고강도 개혁을 천명한 것이다. 기득권 사회의 붕괴가 이루어질 정도의 파격적인 개혁 방향이었다. 자신과 함께 백성의 나라를 만들기 위한 개혁을 하고자 하는 사람들은 조정에 남고, 자신의 개혁을 따르지 않을 관료들은 조정을 떠나라는 것이었다.

이에 기득권들은 충격을 받았다. 그렇지 않아도 자신들이 역적으로 몰아 죽인 사도세자의 아들이기 때문에 못 마땅하던 참이었다. 그런데 기존의 조선 사회를 움직이는 자신들을 내치고 새로운 판을 만들겠다고 하니, 이는 도저히 용서될 일이 아니었다. '민국'民國, 즉 '백성들의 나라'를 위해서라면 자신의 살갗인들 아깎겠냐며, 기득권의 희생을 강요하던 국왕이 이제 칼을 뽑았구나 하는 생각이 들었을 것이다.

그로부터 28일 뒤 정조는 갑자기 세상을 떠나고 말았다. 대개혁을 천명한 지 한 달도 되지 않은 시점이었다. 어느 누구도 예상하지 못한 국왕의 죽음이었다. 우리 역사에서 가장 위대한 개혁군주가 갑자기 죽은 것이다. 그것도 조선시대 왕실 사상 존재하지 않았던 한 여인 앞에서 홀로 죽음을 맞이했다.

이런데도 과연 기득권들의 보이지 않는 손은 존재하지 않았을까? '대동'을 자신의 좌우명으로 삼았던 정조의 죽음 이후 조선은 어떻게 되었을까?

정조 죽음 직전의 상황

사실 정조의 죽음은 우리 역사상 가장 큰 미스터리 중의 하나이다. 과로를 통한 자연사일 가능성도 존재하지만 독살일 가능성도 배제할 수 없는 죽음이기 때문이다. 더구나 그는 인조반정 이후 권력을 장악해온 기득권 세력으로부터 왕권을 강화하여 평등사회, 부(富)의 공평한 분배를 실현하고자 노력했기에 정치적으로 음모의 희생양이 될 수도 있었다.

다산 정약용도 정조의 죽음이 독살이었다는 사실에 한 치의 의심도 하지 않았을 정도였다. 하지만 대부분의 정조 시대를 연구하는 학자들은 정조의 독살설을 부정하고 있다.

1796년(정조 20년) 화성축성을 완성한 정조는 1804년에 왕위를 세자에게 양위하고 화성을 중심으로 새로운 개혁정책을 추진할 것을 고민하였다. 이 과정에서 정조는 자신이 즉위하면서 오랫동안 추진해왔던 노비제도의 혁파안을 1800년 1월에 노론·소론·남인의 동의를 받아 처리했다. 이제 조선은 1801년부터 노비가 존재하지 않는 평등의 사회를 이룰 수 있는 세계 최초의 나라가 될 수 있었던 것이다.

정조는 1776년 즉위 이후 3차례에 걸친 대토론회를 거쳐 이 법안을 통과시켰다. 노비는 양반 사대부들의 엄청난 경제적 기반이었다. 그런데 이를 완전히 없애자고 하였으니 정조의 집념 또한 대단한 것이었다. 이 법안을 통과시킨 정조는 노론과의 대대적인 화해를 위해 차기 왕위를 이을 원자의 세자 책봉과 함께 책봉된 세자를 노론의 명문가인 안동김씨의 김조순 집안과 혼인을 추진했다. 김조순은 규장각 초계문신 출신이자 정조의 의도를 이해하고 따르는 노론의 중심인물이었다.

정조는 노비제도 혁파안을 통과시키는 과정에서 신하들과 토론하느라 엄청난 체력이 소모되었고 지칠 대로 지쳐 있었다. 그럼에도 불구하고 향후 국혼國婚을 추진한다는 내용을 사도세자에게 고해야 한다는 심정으로 추운 겨울 화성(수원)으로 행차를 떠났다. 이제 국혼을 치루고 몇 년이 자나 1804년이 되면 국왕의 지위를 양위하고, 세자가 국왕으로 즉위하면 사도세자를 국왕으로 추존할 수 있게 되었다는 사실을 알리고 싶었던 것이다.

사실 정조가 지금까지 살아온 원동력이 바로 이것을 추진하기 위해서였다. 따라서 자신의 몸이 아무리 지쳐 있어도 정조에게 있어서는 가장 중요한 일이었기에 화성행차를 포기할 수는 없었다. 지독한 감기에 시달리고 있던 그는 북풍한설을 맞으며 말을 타고 백리 길을 내려간 뒤 추운 날 현륭원 재실에서 아버지 사도세자와 밤새 영적인 대화를 나누느라 몸은 만신창이가 되었다.

정조는 스스로 몸을 움직일 힘조차 없는 상태에서 창덕궁으로 돌아와 사도세자의 사당인 경모궁에서 또다시 밤을 새우기까지 하였다. 창덕궁에 돌아와 원자의 세자 책봉과 국혼을 준비하느라 자신의 몸을 돌볼 겨를이 없었다.

세자 책봉을 끝내자마자 궁중에 갑자기 큰 일이 발생했다. 어머니인 혜경궁 홍씨의 종기가 무척이나 심해져서 몸을 가눌 수 없는 지경에 처한 것이다. 자신의 몸보다 어머니를 더 중히 여기는 정조는 혜경궁의 간호를 의관들에게 맡기지 않고 자신이 몸소 돌보기 시작했다.

20여 일 가까이 밤잠을 자지 않고 혜경궁을 간호하다 보니 정조의 체력은 더 떨어질 수밖에 없었다. 혜경궁을 위해 약을 바르느라 손이 부을 정도였다는 정조실록의 내용을 보면 그의 효성이 얼마나 지극했는지 다시금 알 수 있다.

혜경궁이 2월 17일 쾌차하고 난 이후 열흘 뒤에 왕세자와 함께 종묘를 배알하고, 그 날부터 직접 세자빈 간택에 나섰다. 윤4월에 세자빈 두 번째 간택을 하고 끊임없이 계속되는 중요한 일로 인해 강철 같은 정조의 체력은 신하들과 대화를 나누기 힘들 정도로 한계를 드러내기 시작했다.

정조의 과감한 개혁 정책

정조는 즉위 직후부터 개혁을 추구하면서 불평등관계에 있는 하층민의 신분과 인권을 보호하려는 생각을 갖고 그에 따른 정책을 추진하였다. 아울러 기득권층의 특권을 분산시키려고 끊임없이 노력하였다. 양반 사대부 중심의 사회에서 '민국'民國의 주체인 백성 중심의 사회로 만들고자 하는 근대의식이 정조에게 있었고, 백성들을 지지 기반으로 노론 위주의 기득권층을 압박하여 조선의 변화를 추진하였다.

이와 같은 '민국'을 추진한 정조는 기본적으로 인간 존중의 정신을 가지고 있었다. 정조는 "나는 평생 미천한 마부에게조차 이놈 저놈 해본 적이 없다."고 하였다. 가장 가난하고 소외된 이들에게조차 하대하지 않고 그를 존중한 것이 바로 정조의 정신이었다. 이러한 인간존중의 정신이 정조의 개혁정책에 바탕이 되었다.

정조는 즉위 후 노비추쇄관 제도를 철폐하고, 조선 역사상 최악의 법으로 평가받는 서얼제도를 철폐하였다. "인간으로 태어나서 어찌 귀한 자가 있고, 천한 자가 있겠느냐? 이 세상에 노비보다 슬픈 존재는 없다. 고로 마땅히 노비는 혁파되어야 한다."라며 노비제도의 철폐를 생각하였다. 그 전 단계로 도망간 노비들을 쫓아가 잡아오는 노비추쇄관 제도를 없애버린 것이다.

서얼제도의 전면 철폐 역시 정조의 인간존중 정신을 기반으로 만들어진 것이다. 정조는 "서얼의 제도는 있을 수 없는 일이다."는 확고한 생각을 지니고 있었다. 영조 시대에 서얼제도 혁파에 대한 기대를 하였음에도 불구하고 전혀 이루어지지 못했는데, 이를 정조가 실현한 것이다. 정조는 자신이 서얼제도를 철폐하였음에도 불구하고 성균관에서 적서 차별이 진행되고 있음을 확인하고, 이를 강력하게 시정하게 하였다.

정조는 가난하고 소외된 백성들에 대한 특별한 애정을 가지고 있었다. 즉위하면서 천재지변 등으로 인하여 버려진 아이들에 대한 구휼을 국가가 책임져야 한다고 인식했다. 정조 시대 이전에는 민간에서 수양하는 것이 원칙으로 인정되었지만 정조는 유기아遺棄兒나 행걸아行乞兒의 구제에 있어서 국가가 보호하고 책임져야 한다고 강조했다. 이러한 정조의 인식 속에 제정된 것이 바로 '자휼전칙'字恤典則이다.

자휼전칙은 흉년을 당하여 10세 이하의 어린이들이 걸식하거나 버림받아 굶주리는 상황이면 이들이 부모나 친척 등 의지할

곳을 찾을 때까지 조정과 지방 관아에서 구호하고 또 자녀나 심부름꾼이 없는 사람들로 하여금 수양하게 하였다. 정조는 윤음과 함께 조례를 정하여 국한문으로 인쇄하여 서울을 비롯한 전국에 반포하여 영구히 시행하도록 하였다.

정조는 균형과 조화를 특히 중시하였다. '문치규장 무설장용' 文致奎章 武設壯勇이라고 하며 학문을 육성하기 위하여 규장각을 설치하고, 무예를 육성하기 위하여 장용영을 만들었다고 하였다. 이는 정조가 늘 강조한 균형의 실현이었다. 정조는 새가 좌우의 날개로 날아가고, 수레가 양 바퀴로 움직이듯이 문과 무는 함께 발전해야 한다고 하였다. 이것이 바로 정조의 균형론이다.

정조는 모든 백성들에게 균등한 기회를 주고자 하는 생각을 갖고 있었다. 기회균등의 정신이야말로 정조의 핵심 정신이었다. 이를 실현하기 위해 가장 먼저 해야 할 일은 백성들을 똑똑하게 만드는 일이었다. 그러기 위해서 정조는 훈민정음(한글) 활성화 정책을 적극 추진하였다. 요즘 말로 하면 한글 보급운동이고, 당시 상황으로 이야기하면 훈민정음을 통한 국가 정책 홍보였다.

예전에 국왕이 관리들과 백성들에게 타이르거나 당부하는 말씀을 '윤음'綸音이라 하였는데, 정조 이전 시기까지는 윤음을 반포할 때 한문으로 작성된 것만을 반포하였다. 그랬으니 한문을 모르는 일반 백성들이 제대로 알아들을 수가 없었다. 그래서 정조는 윤음과 법령을 반포할 때 한 쪽 면에 훈민정음으로 써서 일반 백성들이 쉽게 읽어서 이해할 수 있도록 하였다. 그리고 국가가 편찬하는 거의 대부분의 서적들을 훈민정음으로 언해하여 발간해서 백성들의 지식수준을 높이고, 무예 서적들을 언해본으로 동시 출간하여 평민 무사들이 무과에 합격하여 대거 새로운 무반층으로 형성되도록 하였다. 이와 같은 훈민정음 보급 정책은 가난하고 배우지 못한 기층 백성들을 사랑하는 마음이 없었다면 도저히 있을 수 없는 일이었다.

반개혁 세력의 격렬한 저항

그런데, 사실 정조는 당시 정치적으로 어려움에 처해 있었다. 1795년 화성행궁에서 어머님인 혜경궁 홍씨의 회갑연을 치룬 이후 화성건설을 통해 강력한 왕권을 행사하고, 장기적으로는 사도세자를 국왕으로 추숭하고자 하는 자신의 의도에 대한 반대세력들의 저항이 날로 커져 나갔기 때문이다. 노력 벽파 입장에서는 사도세자가 국왕으로 추존된다면 과거 1762년에 사도세자를 죽음으로 몰고 갔던 자신들의 행위가 오히려 역적 행위로 몰릴 수 있었기 때문이다. 그렇기 때문에 정조와 대립의 강도가 더 심해질 수밖에 없었고, 정조는 이를 해결해야 했다.

그래서 정조는 노론 벽파의 세도를 바로잡기 위해 '솔교'率教와 '교속'矯俗을 강조하였다. 즉 국왕의 말씀을 따라야 한다는 것과 잘못된 습속을 바로 잡아야 한다는 명분을 내세워 자신에 대한 반항을 차단시키려 노력했다. 하지만 반대 세력들의 힘은 그리 만만치 않았다.

정조는 당시 신하들이 관직을 얻기 위해서라면 부모도 없고 임금도 없을 정도로 세도가들에게 아첨하는 참으로 어이없는 세상으로 보고 있었다. 이러한 평가는 자신의 절대 왕권에 대한 도전으로 볼 수밖에 없는 것이었다. 이제 몇 년만 지나면 자신이 계획했던 모든 일이 마무리되어 갈 수 있는데 신하들의 조직적 반대는 극심했다. 그것이 그를 더욱 피곤하게 하고 절망감이 들게한 것이다. 자연스럽게 몸은 지쳐가고 건강은 이상 징후를 보일수밖에 없었던 것이다. 오죽했으면 정조 스스로 "날은 저무는데 갈 길은 멀다."고 했겠는가!

정조는 이와 같은 상황을 정면으로 돌파하기 위해 5월 그믐날의 경연 자리에서 자신이 이조판서로 임명한 이만수를 탄핵한 홍문관 교리 김이재를 귀양 보내는 조처를 취하면서 모든 대소관료들에게 자신에게 충성을 다할 것을 강요했다. 이것이 그 유명한 오회연교五晦筵敎이다. 당시 우의정 이시수가 자신의 동생인 이만수를 탄핵한 김이재에 대한 귀양 조처가 너무나 가혹한 것이라 상소를 올렸으나 정조는 단순히 김이재의 문제가 아닌 반대세력들의 조직적 대항으로 판단했던 것이다.

실제 상황 역시 정조에 대한 노론 벽파의 도전이었다. 하지만 정조의 의도와 달리 노론 신하들은 움직일 줄 몰랐다. 정조는 6월 12일에 의리를 천명하든지, 자신의 잘못을 스스로 밝히든지 하라고 다시금 강조했다. 다시 말해 자신의 정책에 대해 지지를 표시하고 국왕을 따르든가 아니면 국왕의 정책이 잘못되었다고 공개적으로 말하라는 것이었다. 6월 12일에 있었던 정조의 의지는 마지막 발언이 되고 말았다. 갑작스럽게 생긴 종기로 인해 그는 죽음의 상황으로 내몰리고 있었기 때문이다.

정조의 죽음과 정순왕후, 그리고 개혁의 좌초

정조는 나라의 경사가 있을 때마다 오히려 몸이 아팠다. 그의 이러한 몸 상태를 《조선왕조실록》은 철저히 기록하고 있다. 좋은 일을 아버지 사도세자와 함께하지 못한다는 자괴감이 정조를 괴롭혔던 것이다. 세자의 국혼을 확정짓고 나서 정조의 건강 상태는 극도로 나빠지기 시작했다. 더구나 오월 그믐날 대소 신료들에게 자신의 정치철학과 백성을 위해 자신을 따라 정치를 해야 한다는 강력한 하교를 하고 난 이후부터 우울하고 속이 답답한 증세로 전혀 밥을 먹지 못했다.

이런 상황에서 6월 10일부터 종기가 발생한 것이다. 6월 14일에 종기가 터져 고름을 일부 제거하였으나 정조의 등에는 의관들에게 알리지 않았지만 수십일 전부터 종기와 유사한 것이 나 있었다.

이시수는 정조에게 장용영 장교였던 심연이 종기를 치료하기 위해 사용했던 연훈방을 제안했다. 정조의 종기치료에 더 이상 고약이 효능을 발휘하지 못했기 때문이다. 그리고 이 연훈방은 당시 직제학 서정수를 치료했던 방법이기도 했다. 이시수의 이와 같은 치료법에 정조는 마침내 6월 24일 연훈방을 사용하기로 결정했다.

연훈방은 확실히 효과가 있었다. 종기에 가득했던 피고름이 하루만인 6월 25일에 엄청나게 흘러내린 것이다. 자신의 몸 상태를 확인하고 싶었던 정조는 급하게 신하들을 불러 진찰하게 하였다. 진찰 결과 모든 신하들은 정조를 괴롭힌 종기의 근根이 이미 녹았다고 판단했다. 며칠만 조리하면 쾌차한다고 판단한 신하들은 정조의 마지막 치료와 몸조리에 정성을 기울였다.

종기 치료를 위한 정조의 노력도 대단했다. 연훈방이라는 것은 방문을 닫아놓고 수은을 태워 그 연기를 쐬는 것이다. 따라서 숨을 쉬기 힘들 정도의 고통이 수반되었다. 하지만 자신이 살아나야 새로운 세상을 만들 수 있다는 생각에 정조는 온갖 고통을 감내하면서 연훈방을 통한 고통의 치료를 감내했던 것이다.

마침내 창문을 열어놓아 맑은 공기를 마실 정도로 호전된 정조는 스스로 자신의 몸 상태를 확인하고서 소요산逍遙散을 먹으면 좋아질 것이라고 이야기했다. 열흘 가까이 음식을 먹지 못한 정조는 조금씩 미음을 먹어가며 원기를 회복하기 시작했다. 이 상황에서 정조는 자신의 체질을 신하들에게 설명하며 가장 좋은 탕약을 만들어줄 것을 지시하였다. 정조는 영조와 혜경궁을 간호하기 위해 의학을 공부하였다. 이를 통해 《수민묘전》壽民妙詮이라는 의학서를 편찬할 정도로 의학의 대가였다. 따라서 자신의 몸 상태를 정확하게 이해하였고, 스스로 원기를 회복하는 처방을 의관들과 상의하고 지시하였던 것이다.

마침내 운명의 6월 28일이 왔다. 지방 의관 김기순과 강최현이 들어와 내의원 의관 강명길과 더불어 진맥을 하였다. 정조가 내의원 의관을 신뢰하지 못했기 때문이다. 정조는 원기가 부족하기는 하였으나 점차 회복되는 분위기였다. 지난밤부터 방안에서 몸을 일으켜 조금씩 움직이기 시작했던 정조는 스스로 창경궁 영춘헌으로 거둥할 정도로 상태는 호전되었다. 그리고 김조순을 승지로 새로 임명하고 신하들을 불러 접견하고 이야기하였다. 하지만 오랜 치료가 그를 피곤하게 했고 열흘 가까이 잠을 이루지 못했던 정조는 잠을 자다 깨다 했다.

이때, 정조의 치료기간 중 단 한 번도 찾아오지 않았던 대비 정순왕후가 찾아왔다. 정조의 병이 과거 영조가 1766년에 겪었던 증세와 비슷해서 그때 복용했던 성향정기산星香正氣散을 복용하게 하겠다는 것이었다. 그리고 영춘헌에 있던 모든 신하들을 내보내고 혼자 약을 들고 정조의 침전으로 들어갔다.

왕실 법도상 어떠한 경우에도 사관은 반드시 국왕 곁에 있어야 한다. 그럼에도 불구하고 대비 정순왕후는 사관마저 전각 밖으로 내쫓았다. 그리고 잠시 후 정순왕후는 전하가 승하하셨다는 통곡을 하며 영춘헌 밖으로 뛰쳐나왔다.

승지 이만수가 급하게 정조의 침전으로 들어가니 정조는 무엇인가 급하게 소리를 지르는 듯하였다. 정조가 혼신의 힘을 다해 마지막으로 토한 말은 바로 '수정전'壽靜殿 세 마디였다. 수정전은 바로 대비 정순왕후의 거처였다. 아마도 정조는 혼미한 상태로 누워 있는 동안 정순왕후가 자신에게 어떤 조처를 취했다는 것을 알려주기 위함이었는지 모르겠다.

어쨌든 정조는 정순왕후가 들어온 뒤 곧바로 숨을 거두었다. 조선 역사상 처음이자 마지막으로 국왕의 죽음에 여인 한 사람만이 있었던 것이다. 이것이 바로 정조의 죽음에 대한 미스터리다.

과연 대비 정순왕후가 정조를 죽이기 위해 독약을 주었던 것일까? 아니면 자신의 말대로 영조를 위해 처방했던 성향정기산을 준 것일까? 진실은 아무도 알 수 없다. 결과는 조선의 국왕이었던 정조가 돌아가셨다는 것이다.

하늘도 땅도 울고 온 나라 깊은 산중에 사는 이들도 국왕의 죽음을 슬퍼하여 발을 구르고 땅에 뒹굴었다. 삼각산도 울고 양주와 장단의 잘 자라던 벼가 갑자기 하얗게 죽었다. 평생을 백성들을 위해 자신의 모든 것을 희생했던 참다운 군주 정조가 마침내 세상과 이별을 하게 된 것이다. 그가 염원하던 화성에서의 생활은 끝내 꿈으로 남겨놓고 자신을 사랑하는 어머니와 만백성을 남겨두고 그 뜨거웠던 여름날 온갖 고통을 받다가 보고 싶은 아버지 사도세자 곁으로 떠나고 말았다.

당시 조정에서는 정조의 죽음을 종기로 인한 결과였다고 인정하고, 6일 뒤에 11살의 어린 세자로 하여금 대를 잇게 하였다. 그리고 4년간 대비 정순왕후는 '여군주'女君主로 수렴청정을 하였다. 그리고 정조의 모든 개혁적 기반은 정순왕후로 인해 철저히 파괴되었다. 그의 죽음으로 우리 역사는 보다 진보된 사회로 나아갈 수 있는 기회를 놓치고 다시 조용한 아침의 나라로 돌아왔다.

대비 정순왕후의 죽음 이후 권력은 완벽하게 노론으로 넘어갔다. 더 정확히 말하자면 안동김씨의 세도정치가 시작되었다. 이들은 국가와 백성의 미래보다 자신들의 기득권 유지에 더 전력을 기울였다. 인재의 등용은 사라지고 부정부패는 만연해졌다. 19세기 세도정치 시대는 '민란의 시대'가 되었다. 사대주의는 더욱 강화되고 혁신의 정신은 사라졌다.

정조의 죽음은 국왕 개인의 죽음이 아니라 실용정신으로 무장된 혁신 세력의 몰락이고, 자주국가를 건설하고 백성을 위한 개혁 추진 세력의 몰락을 의미했다. 기득권은 자신들의 이익을 위해 무엇이든 다 했다. 기득권의 힘은 참으로 무서운 것이다.

노무현 대통령의 죽음:
자살이 아닌 타살이다!

우리 민족의 고운 심성 중 하나가 억울하게 죽은 이에 대한 연민과 분노를 갖고 그를 기억한다는 것이다. 고려 말 최영 장군, 조선 초기 국왕 단종, 그리고 사육신 등이 우리가 기억하는 가장 억울한 사람들이다. 권력을 갖고자 하는 이들 때문에 잘못도 없는 사람들이 죽음에 이르는 것에 분노하지 않는 사람들은 없겠지만, 그럼에도 우리 민족은 특별하다. 해방 이후 우리들의 기억에 가장 생생하게 남아 있는 이는 단연코 노무현이다. 왜 노무현일까? 그가 검찰과 언론 등 기득권에 의해 죽임을 당했기 때문이다.

노무현이란 이름을 떠올리면 지금도 눈물이 난다. 나는 노무현의 죽음에 대한 소식을 잠곡 김육 선생 묘소에 참배를 하다가 들었다. 아내의 전화가 왔을 때 느낌이 좋지 않았다. 혹시 노무현 대통령이 스스로 목숨을 끊지 않았을까 하는 불안감 때문이었다.

나는 그 며칠 전부터 노무현 대통령이 스스로 목숨을 끊을 수도 있겠다는 생각을 하고 있었다. 인간으로서 감당하기 힘든 모욕을 겪고 있기 때문에 자존심 강한 노무현 대통령이 기득권에 대한 저항으로 스스로 생을 마감할 수 있지 않을까 하는 생각을 했다. 너무나 안타깝게도 나의 생각은 들어맞고 말았다.

노무현은 김구, 김대중과 더불어 해방 이후 가장 위대한 지도자의 한 사람으로 평가되고 있다. 그 이유는 간단하다. 그가 주장하듯 사람 사는 세상을 만들고자 부단히 노력했기 때문이다. 그는 시민들이 권력을 갖는 세상을 만들고자 했다.

노무현은 해방 이후 대한민국 역사에서 가장 파격적으로 민주주의를 실천하고 정립시키고자 했다. 조선일보와의 전면적인 싸움을 통해 수구 기득권 언론의 개혁을 추진하고, 국방의 개혁을 통해 자주국방을 실현하고자 했다. 노무현의 국방개혁에 대한 위대한 연설은 그가 얼마나 자주적 인식을 가지고 있는지 알 수 있다. 어깨 견장에 별을 차고 있긴 하지만 대한민국의 장군인지 미국 군대 장군의 수하인지 알 수 없는 대한민국의 장군들에게 일침을 가하는 노무현의 사자후는 지금도 생생하다. 그를 통해 능히 그의 민족자주에 대한 신념을 알 수 있다. 나는 이런 노무현의 자주정신이 그를 죽음으로 몰고 가게 했다고 생각한다.

잘 알려져 있다시피 노무현은 대학을 나오지 못한 상고 출신이다. 부산상고라고 하는 영남 지역 최고의 명문 고등학교를 나왔다. 그렇다 하더라도 기득권들은 상고 출신이라고 무시했다. 이는 분명한 사실이다.

노무현 대통령이 대통령에 취임하고 나서 검사들과의 대화를 개최했을 때 일개 평검사가 대통령에게 "몇 학번이냐"고 물었다. 이는 참으로 가혹한 기득권의 노무현 망신주기였다. 상고 출신으로 성장하여 대한민국 행정부의 수반이 되었으면 그에 대한 존중을 표시해야 함에도 불구하고 기득권의 일부였던 검사를 앞세워 노무현을 욕보이고 국민들로 하여금 무시하게 만드는 것은 도저히 있을 수 없는 일이었다. 우리 보수가 수준 이하의 모습을 보이기 시작한 것은 어쩌면 노무현 시대가 아닌가 한다.

상고 출신이라고 무시당한 노무현 대통령

노무현이 정치를 하게 된 것은 부림 사건이 계기가 되었다고 한다. 부산지역 대학생들이 사회과학 서적을 읽으며 독서토론을 하는 모임을 반국가단체로 조작해 감옥에 보낸 사건을 보며 노무현은 기득권에 대해 분노하기 시작했다. 찢어지게 가난한 시절을 보냈고, 나름 정의롭게 학창시절을 보내고, 빨치산의 딸과 가난한 연애를 하는 과정에서 그는 보통의 사람들보다는 조금 더 정의로운 삶을 살았다. 거짓말하지 않고, 남들에게 피해를 주지 않고, 성실한 노동을 통해 정당하게 돈을 벌고자 하는 모습은 평범한 일상을 사는 사람들의 모습이었다.

그 과정에서 기득권에 대한 여러 생각은 가졌겠지만, 처음에는 그것을 사회문제 혹은 오랜 역사 속에서 기득권의 문제로 생각하지는 않았다. 그래서 그는 어렵게 공부해서 전국에서 60명만 선발하는 사법고시에 합격을 하고 판사로 임용되었다. 하지만 7개월 만에 사퇴하고 돈을 벌기 위해 변호사로 개업을 했던 것이다. 그런 그가 '부림 사건'을 통해 스스로의 인식이 변화되고 국가 폭력과 기득권의 진짜 무서움에 대해 알게 되었다. 그래서 노무현은 이때부터 기득권과의 싸움을 하기로 마음먹었다. 그리고 싸움에서 승리할 수 있다는 확신보다는 싸우는 것 자체가 바로 승리로 나갈 수 있는 길이고, 생각하는 시민들이 역사의 주체이자 사회의 주체로 나갈 수 있다는 것을 알게 된 것이다.

결국 기득권의 권력이 축소되고 민초들이 현실에서 목소리를 낼 수 있게 하는 주요한 기반이 정치라는 것을 깨달았고, 김영삼의 추천을 받아 국회의원이 되었다. 노무현이 우리 국민들에게 민주주의를 실천하는 진정성 있는 국회의원이라는 인식을 주게 된 것은 바로 5공화국 청문회를 통해서였다. 전두환에게 명패를 던진 노무현, 청문회를 통해 진실을 드러내기 위해 밤을 새워가며 준비하는 모습, 그리고 차분하면서도 날카로운 질문, 이러한 노무현의 모습은 우리 국민들에게 향후 국가지도자로서의 자질을 보여주었다. 국민들은 이런 사람이 더 큰 정치인이 되기를 희망했다.

그러나 이때부터 노무현의 좌절과 고난이 시작되었다. 기득권과 야합하지 않고 시민의 나라, 사람 사는 세상을 만들겠다고 했기 때문이었다. 노무현은 3당 야합을 거부했다. 김영삼, 김종필이 노태우와 야합하여 민주자유당을 만들 때 노무현은 자신을 추천하여 국회의원으로 만들어준 김영삼을 따라가지 않았다. 당시 상도동 계보라고 불리는 많은 국회의원과 정치인들이 군사정권의 후예들과 야합을 하여 기득권으로 편입하려고 할 때 노무현은 "이의 있습니다!"라고 소리치며 이들과 결별하였다. 당시 노무현의 결별은 역사의 한 페이지에 기록될 정도로 대단한 용기였다.

만약 그가 김영삼을 따라갔다면 노무현은 그 훗날 부엉이 바위에서 몸을 던지는 일 없이 온갖 권력과 부귀함을 얻었을 것이다. 그러나 노무현은 자신의 삶을 권력과 돈에 팔지 않았다. 이것이 노무현을 비극의 주인공으로 만든 주요 원인이기도 하다.

기득권들이 볼 때 노무현은 이상한 사람이었다. 아니 비정상의 인간이었다. 어찌 인간이 돈과 권력을 싫어한단 말인가? 잠시 사람들에게 손가락질을 받는다 하더라도 돈과 권력이 확실하게 내 주머니 안으로 들어온다면 변절할 수 있는 것이 대다수의 인간들이다. 그런데, 노무현은 이를 거부했다. 그러니 기득권들 입장에서는 이해할 수 없었던 것이다. 때문에 그들은 노무현이 자신들이 주고자 하는 선물을 받지 않는다면 거꾸로 그에게 죽음으로 갈 수 있는 독배를 주는 것이 맞는다고 생각했을 것이다.

노무현이 당시 자신의 자존감을 지키고 변절자들과 싸우는 과정에서 얼마나 힘든 삶을 살았는지는 그의 저서 《여보, 나 좀 도와줘!》에 기록되어 있다. 내가 노무현을 진짜 좋아하기 시작한 것은 이 책을 읽고 나서였다. 역사를 공부하면서 수많은 이들을 보았는데, 이렇게 지조 있는 사람을 본 것은 이순신과 박제가 이후 처음 있는 듯하여 나는 노무현에 빠져 들어갔다.

기득권 편입을 거부하고 시민의 편에 서다

노무현은 이후에도 줄곧 바보 같은 생활을 하였다. 충분히 기득권에 편입되거나 아니면 기득권과 적당히 타협해서 겉으로는 야권의 민주투사인 것처럼 포장하고 속으로는 돈과 권력의 일부를 얻을 수도 있었다. 하지만 그는 이 모든 것을 거부했다. 종로에서 어렵게 보궐선거에 당선되었지만 다음 선거에서 그는 다시 부산으로 내려갔다. 부산에서 연이은 선거에서의 낙방은 그에게 엄청난 피해를 주었다. 하지만 한편으로는 민중들의 희망의 등불로 성장할 수 있는 기반이 되기도 했다.

중요한 것은 그가 일생을 기득권의 권력에 대항해 싸우면서 국민들에게 기득권의 나라가 아닌 시민들의 나라로 만들 수 있다는 희망을 준 것이다. 노무현을 사랑하는 사람들이라는 모임(노사모)이 만들어지고, '노사모'라 불린 사람들은 자발적으로 정치인 노무현을 후원하기 시작했다. 해방 이후 우리나라 정치에서 감히 상상할 수 없는 일이 벌어졌다. 기득권들이 자신들의 권력을 유지하기 위해 백성들을 우매하게 만드는 작업을 하였는데, 노무현과 그를 지지하는 사람들은 기득권의 저열한 우민화 정책을 거부하고 시민들이 주체가 되는 자주적 시민사회 체제를 만들어갔다.

이 자주적 행동은 단순히 노무현을 대통령으로 만드는 역할만 한 것이 아니었다. 한반도 역사에서 기득권에 의해 움직이던 국가 운영체제를 시민들의 자주적 운영체제로 전환하게 하고, 강대국에 대한 사대적 태도를 자주적으로 변화하여 반공 이데올로기를 극복하고 자주통일국가를 만드는 기반이 되게 하였다.

이것 또한 기득권의 입장에서 너무도 무서운 것이었다. 노무현이 대통령이 되고, 그가 대통령으로서 자주적 입장을 견지한다면 기득권의 2천년 역사는 붕괴될 수 있다고 판단했다. 그래서 그가 대통령이 되지 못하게 엄청난 방해공작을 했다. 그럼에도 불구하고 민초들이 만든 시대의 도도한 흐름을 막을 수는 없었다.

그래서 기득권은 전략을 변경했다. 노무현을 무능한 인간으로 만들기로 한 것이다. 작금에 이재명을 악마화 하는 것은 이처럼 노무현을 무능한 인간으로 만든 경험을 토대로 하는 전술이다. 그들은 대통령의 말을 공직자들이 거부하게 했다. 일개 검사들이 항명하게 만들었다. 검사라는 직책의 공직자들이 대통령과 맞장을 뜨고, 그를 모욕하였다. 오늘의 정치검사 시대를 만든 것은 당시 기득권들이었다. 그리고 그때 노무현을 모욕했던 검사들은 승승장구하여 오늘 이 기득권 나라의 중심에 자리 잡고 있다.

　나는 노무현의 가장 큰 실수가 초기에 검사들과 한 대화였다고 생각한다. 당시 대통령과 참모들은 너무도 순진했다. 검사들은 사람을 죽이는 칼을 들고 공포를 조장할 수 있지만, 한편으로 겁이 많아 속으로 힘 있는 이들을 두려워한다. 항상 자신들이 권력의 칼잡이가 되어 그들이 주는 떡고물을 먹고 살았기 때문이다. 그랬기에 당시 노무현이 강한 권력으로 이들을 통제하였다면 검사집단은 무서워서 항명하지 못했을 것이다. 그러나 노무현 세력의 판단 착오와 언론과 재벌들의 뒷받침으로 일개 평검사들이 대통령을 잡아먹은 것이다.

　이후 기득권은 줄곧 노무현의 모든 정책을 반대하고 폄훼하기 시작했다. 무능한 노무현으로 각인시키기 위해서였다. 조금만 잘못된 일이 있어도 모두 노무현 때문에 생긴 일이라고 했다. 수구세력들의 노무현 죽이기에 진보진영도 참여했다. 아니 때론 수구 세력들보다 더 격렬하게 노무현의 욕을 하기 시작했다. 진보진영은 국가 지도자로서의 고뇌어린 결단인 이라크 파병과 한미 FTA 체결 등을 비판하며 극렬하게 공격했다. 노무현의 '대연정'은 국가의 미래를 위해 중요한 정책제안을 한 것임에도 이를 잘못된 것이라고 질책하고, 노무현의 모든 미래 비전을 붕괴시켰다. 기득권의 노무현 죽이기가 성공한 것이다.

대한민국의 대통령이 되기 위해서 무조건 미국에 가야 하느냐는 노무현의 말은 그로 하여금 죽음을 맞게 한 요인이 되었다. 저들은 자주를 주장한 국가지도자를 용서할 수 없었기 때문이다. 결국 기득권은 위대할 수 있었던 노무현의 민주주의를 이 땅에서 계승하지 못하게 하고 이명박 정권을 만들었다. 그들의 승리였다.

전직 대통령의 인기와 집권 세력의 모욕주기

그런데 그들이 승리했다고 생각했는데, 노무현이 다시 살아났다. 고향인 봉하마을로 내려가 있는 전직 대통령이 현직 대통령보다 더한 인기를 누렸던 것이다. 기득권이 이미 죽였다고 생각하고 잠시 방심한 사이에 노무현은 예전 노무현의 모습을 되찾았다. 그리고 국민들은 노무현의 진심을 알게 되었다. 자신들이 노무현을 정치적, 사회적으로 죽이고 그를 봉하로 몰아넣은 것을 후회했다. 그가 만들었던 참여정부의 가치를 알게 되었고, 10.4 선언이 갖는 중요한 역사적 의미도 깨닫게 되었다. 노무현이 만들어 가고 있는 봉하마을의 생태운동은 전국으로 퍼져나가면서 이명박의 4대강 사업의 부패와 대비되어 가고 있었다. 노무현이 대통령으로 있던 시절보다 오히려 진짜 노무현의 사람 사는 세상의 가치가 퍼져나가기 시작했다. 기득권은 노무현의 부활에 충격을 받았다. 노무현을 그대로 둔다면 자신들의 2천년 기득권이 저 무지한 상고 출신의 하찮은 자로 인해 붕괴될 수 있다는 생각을 갖게 되었다.

그러면 결론은 간단하다. 그를 정치적 사회적으로 죽이는 것이다. 그래서 기득권은 다시 자신들의 '전가의 보도'인 검찰을 이용하였다. 역시나 기득권의 사냥개인 검찰은 자신들의 임무를 충실히 수행했다. 노무현에 대한 모욕주기는 성공했다. 그리고 노무현은 끝내 부엉이 바위에서 몸을 던지고 말았다. 비굴하게 살기보다는 역사에 살아남기로 한 것이다.

이처럼 기득권은 자주를 부르짖고, 민주주의를 목이 터져라 외치고, 시민들과 어깨를 걸고 연대하여 한 발 한발 나가는 혁신가들을 절대 살려두지 않았다. 그래서 노무현은 저들에 의해 죽임을 당한 것이다.

이제 노무현을 죽인 정치검사들은 권력의 시녀에서 권력 그 자체로 변신했다. 바야흐로 그들의 세상이 되었다. 그들은 권력의 시녀 시절에도 대통령을 죽였는데, 아직 대통령이 되지 않은 이재명 정도야 우습게 생각하고 있다. 그들은 이재명이 자신들의 생각대로 움직이지 않고 있는 것에 격분했다. 노무현을 죽일 때 사용했던 무능의 이미지가 아니라 악마로 만들어가기로 전략과 전술을 바꾸었다. 그리고 엄청난 공작을 벌이고 있다.

그러나 그들의 이런 이재명 악마화 작업은 성공할 수 없을 것이다. 우리는 이미 '노무현 시대'라는 역사적 경험을 했기 때문이다. 우리가 끝내 이긴다.

3부

자주를 외치다
최후를 맞은
개혁가들

이가환 :
서학의 지도자이자 혁신 사상가

조선시대 개혁군주 정조가 가장 사랑했던 신하는 과연 누구였을까? 정조 시대에 대해 관심이 있는 사람들이라면 누구나 한 번쯤 생각해보는 문제라고 생각한다. 정조는 어느 특정인만을 사랑하지 않았다. 굳이 당파를 가리지 않고 자신의 뜻과 함께하는 젊은 선비들을 정조는 무척 사랑하였다.

그중 남인으로 한정하자면 단연코 정약용과 이가환이다. 정약용은 누구나 다 알고 있지만 이가환은 생소하다. 하지만 정약용은 실제 그의 삶에 있어서 이가환에게 너무나도 많은 영향을 받았다. 그렇기 때문에 이가환이 죽고 나서 그가 장문의 '묘지명'墓誌銘을 지었던 것이다. 그것도 비분강개하면서 말이다.

이가환은 그 유명한 실학자 성호 이익李瀷의 후손으로, 본관은 여주였다. 1771년(영조 47년) 진사가 되고, 1777년(정조 1년) 증광 문과에 을과로 급제하였다. 무엇보다 이가환은 이익의 친형인 이잠 李潛의 종손으로 태어났기에 뒤에 설명하겠지만 그가 원하든 원하지 않든 조선 후기 당쟁의 한 복판에 설 수밖에 없는 운명이었다.

어린 시절부터 천재란 소리를 들었던 이가환은 성리학과 실학을 동시에 공부하였다. 기억력이 뛰어난 그는 정약용의 표현대로 한번 본 글은 평생 동안 잊지 않았고, 제가백가부터 천문학, 수학 그리고 수의학에 이르기까지 통달하지 않은 학문이 없을 정도였다.

1778년(정조 2년) 2월, 정조는 문신 제술에 수석을 하여 6품으로 승진시킨 승문원 정자正字 이가환을 불러 다양한 견해를 물어보았다. 본인 역시 대단한 학자이지만 모든 학문을 꿰뚫고 있는 이가환은 그에게도 특별한 존재였다.

역대 중국 국가의 관제와 군사제도 등에 대한 이가환의 해박한 지식은 정조를 놀라게 하였다. 여기에 더 나아가 이가환은 서양 선교사들이었던 마테오 리치와 테렌스의 《천주실의》와 《기기도설》에 대한 내용을 이해하고, 동·서양 천문학의 차이점을 설명해주었다.

이는 성호 이익의 영향력 때문이었을 것이다. 다산 정약용의 천문과학 능력은 이런 이가환과 함께 공동연구를 통해 나타난 것이 사실이다.

정조의 초계문신으로 개혁에 앞장서다

이가환은 1780년 비인현감으로 제수되었다가 곧이어 예조낭관으로 영전하였다. 1년 뒤인 1781년, 정조는 이가환을 사헌부 지평으로 임명하였다. 사헌부 지평은 관리들의 탄핵 감찰권과 일반 백성들의 검찰권을 동시에 가지고 있는 막강한 자리였다. 더불어 국왕의 명령을 받아 법률을 집행하는 직책이었다. 때문에 모든 사람들이 가고 싶어 하는 요직이었다.

정조는 이가환이 매우 뛰어난 인물이기에 특별히 발탁한다는 이야기를 직접 함으로써 이가환에 대한 신뢰가 얼마나 컸는지를 조정의 대소신료들 모두가 알게 하였다. 이 시기는 남인의 영수였던 채제공이 잠시 낙마하여 은거하였던 시기였다. 그러므로 아마도 채제공을 대신할 새로운 남인의 인물을 키우고자 하는 의도도 분명히 있었을 것이다. 하지만 이가환은 이미 국왕 정조 앞에서 1등으로 합격한 학문적 능력을 가지고 있었다. 때문에 이가환의 승진과 요직 임명에 대하여 어느 누구도 반대할 수 없었다.

당시 정조는 규장각을 통해 인재 양성을 추진하였다. 훗날 장용영을 신설하고 1791년에 《무예도보통지》를 간행하였을 때 '문치규장文置奎章 무설장용武設壯勇'이라 하여, 학문을 육성하기 위해 규장각을 설치하고 무예를 육성하기 위해 장용영을 설치하였다고 하였다. 즉 규장각과 장용영이 정조의 인재육성 정책의 근본 기관이었던 것이다. 특히 규장각은 학문 육성만이 아닌 조선 사회를 개혁하고 자신의 정적들을 제거하여 왕권을 강화하고자 하는 중추 기관이었다.

이 규장각의 핵심 인물들이 바로 초계문신이었다. 초계문신은 당파를 가지지 않고 당대 최고의 젊은 학자들을 선발하여 정조의 친위 세력으로 성장한 사람들이었다. 정조는 자신이 꿈꾸는 미래를 위하여 최측근 세력인 초계문신 육성에 진력하였고, 그중의 한 명으로 이가환을 선발하였다. 이가환의 뒤를 이어 초계문신이 된 정약용, 정약전과 더불어 이가환은 남인의 초계문신으로서 정조를 보필하였다.

이가환은 정조 16년인 1792년 9월에 사간원 대사간이 되었다가 곧이어 대사성으로 임명하였다. 이가환은 이제 정조의 왕권 강화 정책에 있어 가장 핵심이 되는 인물로 성장하였다. 또 그러한 성장으로 인하여 노론들의 집중적인 견제를 받기 시작하였다.

노론 세력들은 이가환의 대사성 임명을 극도로 반대하였고, 정조는 계속해서 이를 묵살하였다. 하지만 더 이상 그럴 수 있는 상황이 못 되었다. 정조가 국왕으로서 아무리 강력한 모습을 보여준다 하여도 국왕이 신하들과 오랫동안 대립각을 세울 수는 없기 때문이다.

그래서 정조는 일종의 타협책으로 전체적인 모양새를 갖추는 인사를 하였다. 그것은 바로 이가환을 개성유수로 임명하는 것이었다. 정조가 이가환을 개성유수로 임명하는 문제로 이틀 밤을 새웠다는 이야기를 좌의정인 채제공에게 할 정도로 이가환은 정조의 정국 운영에서 핵심이 되는 인물이었다. 하지만 이가환이 너무도 똑똑하여서 향후 재상이 될 능력이 있었던 인물이었기에 너무도 견제가 심했다. 그랬기에 정국 구상을 전면적으로 수정하면서 그를 개성유수로 임명해야 했던 것이다. 물론 그 표면에는 탕평 인사를 한다는 명분을 내세웠다. 그만큼 정조와 이가환은 특별한 관계를 형성하였다는 것이다.

이처럼 이가환이 개성유수로 임명되었음에도 불구하고 지속적으로 논란의 대상이 되었던 것은 한편으로 그가 이잠의 종손이었기 때문이다. 이잠은 경종 재위 시에 노론을 공박했던 인물로, 끝내 노론에 의해 대역죄인으로 몰려 국문 도중에 맞아 죽었던 인물이었다. 그러한 이잠의 종손을 정조가 총애하니 그들의 걱정은 이루 말할 수 없었다.

그래서 당시 승지였던 노론의 차세대 지도자인 심환지는 이가환이 역적 이잠의 후예라는 이유로 조정에서 등용하지 말아야 한다고 강력하게 주장하였다. 이에 정조는 "이가환의 종조^{宗祖}에 대해서는 나도 그 이름을 익히 듣고 있으나, 종조는 종조이고 종손^{宗孫}은 종손이다. 재능을 헤아려 임무를 맡겼는데, 이가환이 문사^{文士}가 아니라는 말인가. 경 또한 과구^{科臼} 중의 사람으로 옛 습관을 면하지 못하고 이렇게 뭇사람들을 따라 하고 있으니 매우 놀라운 일이다."라고 심환지를 나무라며 이가환을 지켜주었다. 여기서 '과구'란 평범한 사람을 일컫는다.

정조가 이렇게 이가환을 변호함에도 불구하고 노론의 공격은 끊이지 않았다. 그가 천주교인이라는 것이다. 물론 이가환은 당시 서학과 아주 밀접한 관련이 있었고, 이벽의 권유로 천주교 신자로서 활동하였던 것도 분명한 사실이다. 그가 남인 집안에서 차지하고 있는 위상으로 볼 때 천주교 세력에서 가장 중추적인 역할을 본인의 의지와 무관하게 맡게 될 수밖에 없었던 것은 역사를 조금이라도 아는 사람들이 볼 때 너무도 당연한 것이었다.

하지만 이가환은 천주교에서 조상의 제사를 금지한다는 결정을 듣고 곧바로 배교를 선언한 인물이었다. 정약용이 천주교를 배교한다는 상소를 올린 것도 이가환과 거의 같은 시점이었다. 아마도 이가환과 깊은 상의가 있었던 것으로 보인다.

천주교의 우두머리로 몰아 목을 잘라 거리에 내걸다

훗날 정조는 같은 날 이가환을 충주목사, 정약용을 금정찰방으로 임명하였다. 이들 지역이 천주교가 흥성한 지역이었기에 이들을 임명하여 천주교 세력을 약화시켜 천주교인이라는 누명을 벗겨주기 위함이었다. 실제 이 두 사람은 천주교를 토역하는 상소를 올리면서 충주목사와 금정찰방으로 재직할 당시 많은 천주교인들을 배교하게 만들기도 하였다. 그것이 당시 이가환의 입장에서는 정조를 돕는 최선의 길이라고 생각하였을 것이다.

어쨌든 정조는 이가환이 배교를 선언하였기에 더 이상 천주교와 연계된다고 생각하지 않았다. 그의 불우한 가문과 처지로 인하여 일부 과격한 글쓰기를 할 수 있었지만 그것은 거꾸로 우리 조정의 잘못 때문이지 이가환의 잘못이 아니라고 적극 두둔해 주었다. 이잠의 죽음이야말로 조정의 잘못이지 그의 잘못이 아니라는 것이다. 그렇다면 결국 이잠의 죽음은 노론 때문이라는 말이 되니 거꾸로 노론은 혹을 떼려다 붙인 꼴이 되었다.

정조는 1795년(정조 19년) 윤2월, 화성으로 어머님인 혜경궁 홍씨 회갑진찬연을 다녀온 후 이가환에게 화성의 축성을 비롯한 도시 기반시설 모두를 책임지고 맡아 추진하도록 하고, 정약용에게는 민첩하니 이가환을 도와 자신의 정국 운영 구상을 완성하라고 지시하였다. 정조는 상왕이 되어 화성에서 개혁을 추진하여 새로운 조선을 만들려고 했다.

이처럼 이가환에게 화성의 마무리를 부탁한 것은 그가 가지고 있는 지식과 열정 때문이었다. 정조는 공개적으로 이가환을 남인의 영수였던 채제공의 후임 재상으로 임명하고, 그 뒤를 이어 이가환의 후임으로 정약용을 재상으로 임명하겠다고 선언하였다. 결국 정조는 이가환과 장약용을 자신의 정치적 동반자로 인식하였고, 이들의 경륜과 지혜를 세상을 위해 사용될 수 있도록 최대한의 배려를 아끼지 않았다.

하지만 너무도 많은 반대세력의 집중적 견제로 인하여 정조의 정국 구상은 잠시 지연되었다. 그러는 와중에 1800년 음력 6월 28일 정조가 갑자기 승하하였다.

정조가 죽고 순조가 등극하자 상황이 돌변하였다. 조정의 권력을 쥔 정순왕후와 노론 세력은 이가환을 첫 번째로 제거하려 했다. 결국 이가환은 서학西學, 즉 천주교의 우두머리가 되어 이듬해 감옥에서 단식 끝에 죽고 말았다. 이른바 신유박해다.

게다가 반대 세력은 끝내 그의 목을 잘라 거리에 내걸었다. 국가 전복을 노린 반역자 취급을 한 것이다. 정조가 꿈꾸었던 대일통大一統의 세상을 만들 가장 중요한 인물이었던 그가 끝내 지혜를 세상에 펼치지 못하고 대역죄인이 되어 하늘로 올라간 것이다.

하지만 그가 어떤 사상을 가지고 어떤 세상을 꿈꾸었는지는 장약용이 남긴 이가환의 〈정헌묘지명〉貞軒墓誌銘에 그대로 남아 있다. 그것이 역사의 무서움이자 기록의 서늘함인 것이다. 그래서 이가환은 죽지 않고 오늘날 우리가 그를 찾고 있다.

이승훈 :
사교邪教의 우두머리로 몰려 죽다

이승훈李承薰은 조선 최초의 천주교 신자이다. 아니 더 정확히 말하자면 서학을 믿고 중국에서 가톨릭 신부로부터 최초로 세례를 받은 사람이다. 이승훈은 조선 최고의 천재로 불렸음에도 천주교를 믿었다는 이유로 끝내 사형을 당하고 말았다.

명문가의 영재 이승훈, 정약용 집안의 일원이 되다

이승훈은 조선의 명문 가문으로 알려져 있는 평창이씨 집안에서, 영조 재위 32년(1756년)에 서울 남대문 밖 반석동에서 태어났다. 처남인 정약용보다는 6살 연상이었다. 이승훈의 부친은 이동욱으로, 훗날 중국의 수도 연경에 가는 사신단의 서장관으로 동행했다. 이승훈의 어머니는 실학자이자 정조 시대 최고의 천재로 불리던 이가환의 누나였다. 이가환은 조선 후기 실학의 선구자인 성호 이익 선생의 후손으로, 정조가 채제공의 뒤를 이어 정승에 임명하겠다고 했던 사람이었다.

당대 최고의 천재들이었던 정약용, 이덕무, 박제가 등 모두가 이가환을 스승처럼 받들었다. 앞서도 이야기했지만 그만큼 이가환은 대단한 인물이었다. 이가환 역시 정조가 죽고 나서 조선 천주교도의 우두머리라는 죄명으로 사형을 당해 죽었다. 당시 정적 제거의 대표적인 수단이 바로 천주교라는 이념논쟁이었다. 오늘로 치면 무조건 빨갱이 타령과 같은 것이다.

이승훈의 어머니가 이처럼 대단한 인물의 누나였기에 이승훈은 어려서부터 어머니의 영향을 많이 받았을 것이다. 성호 이익 선생의 조카로 실학적 학풍이 가득한 집안에서 성장한 이승훈의 어머니는 남편 못지않게 이승훈에게 주자성리학만이 세상 학문의 전부가 아니라는 것을 은연중에 강조하였을 것이다. 뛰어난 부모를 만난 자식들은 다른 이들보다 분명 행운이 있는 것은 당연하다. 그런 면에서 이승훈은 아버지와 어머니 모두 천재성을 가지고 있는 분들이라 남들보다 특별한 혜택을 받은 것이다.

소수 세력이었던 경기도 일대의 남인들은 다른 당파들과 달리 가족 간의 애정이나 끈끈함이 남달랐다. 이승훈의 부친 이동욱은 영조 42년(1766)에 정시 문과에 급제한 수재로서 일찍부터 영조의 기대를 받았던 인물이었다. 영조는 이동욱과 함께 정약용의 부친인 정재원을 총애하였는데, 아마도 이 두 사람은 조정에 출사하여 더욱 가까워졌을 것이다. 결국 이 두 사람은 사돈관계를 맺게 되어 이승훈과 장약용의 누나가 결혼을 하게 되었다.

이로써 이승훈은 나주정씨 집안의 식구가 되었고, 정약용과 정약전 등 당대를 풍미한 걸출한 인물들과 새로운 세상을 여는 주역으로 성장할 수 있었다. 이것이 정약용 형제들과 이승훈의 운명이었다.

이승훈은 어려서부터 재주가 비범하여 20세부터 저명한 석학들과 사귀면서 학문과 경서에 힘쓰기 시작하였다. 정조 4년(1780년)에 진사시에 합격하였으나 이후 과거를 단념하고 오로지 학문 연구에 몰두했다.

아마도 이는 한 해 전에 있었던 천진암 강학회에 참석하였던 영향이 컸던 것 같다. 정조 3년(1779년)에 정약전의 스승인 녹암 권철신이 주도한 천진암 강학회는 한국천주교회의 성립에 있어 매우 중요한 사건이었다. 이 강학회에 참석했던 인물들은 훗날 천주교회를 이끌어가는 지도자로 성장하였다.

이승훈은 정약전, 정약용 등 처갓집 형제들과 함께 강학회에서 새로운 공부를 하기 시작하였다. 이때 천주교를 받아들이면서 내세來世에 대한 고민 속에서 문과에 합격하여 조정에 출사하는 것을 덧없이 생각했을 것이다. 어쨌든 이승훈은 진사시험만 합격하고 더 이상 과거시험을 보지 않았고 오로지 수행과 학문 연구에 몰두하였다.

조선 천주교 성조聖祖 이벽과의 만남과 특별한 주문

천진암 강학회에서 이승훈과 사귄 이벽은 그에게 북경에 다녀올 것을 권고하였다. 당시 조선의 젊은 선비들은 모두 북경에 다녀오는 것을 소망하였나. 이미 노론 계열의 젊은 실학자였던 박제가, 이덕무 등이 북경을 다녀왔기에 남인의 젊은 학자들도 북경에 다녀오고 싶어 하였다. 하지만 이벽이 이승훈에게 북경에 다녀오기를 권고한 것은 단순히 북학北學의 개념 속에서 청나라의 문물을 배우고 오라는 것이 아니라 북경의 천주교회에 다녀오기를 바랐기 때문이다.

이벽이 천주교를 접하게 된 것은 그의 6대 조부 이경상 때문이었다. 이경상은 병자호란 때 심양에 인질로 잡혀간 소현세자를 8년간이나 가까이 모셨다. 이때 소현세자는 북경의 동화문 동화관에 머물면서 당시 북경의 남당 천주교회에서 선교 활동을 하던 아담 샬Johann Adam Schall 신부와 접촉하였다. 이경상은 소현세자를 가까이 모시면서 함께 청나라와 서양의 문화를 접했다.

다행히 이승훈에게 기회가 찾아왔다. 이승훈의 부친 이동욱이 정조 7년(1783년)에 중국으로 가는 동지사冬至使 사행단에 서장관으로 포함돼 북경에 가게 되었다. 이때 이승훈은 아버지 이동욱의 자제군관으로 선발되어 북경에 갈 수 있는 권한을 받았다.

이승훈이 북경에 가게 되었다는 소식을 들은 사돈인 이벽은 즉시 이승훈을 찾아갔다. 그리고 이승훈에게 매우 의미 있는 이야기를 하였다.

"자네가 북경에 가게 된 것은 참된 교리를 알라고 하늘이 우리에게 주시는 훌륭한 기회일세! 성인들의 교리와 만물의 창조주이신 천주를 공경하는 참다운 방식은 서양인들에게서 가장 높은 지경에 이르렀네. 그 도리가 아니면 우리는 아무것도 할 수 없고, 그것 없이는 자기 마음과 자기 성격을 바로잡지 못하네. 그것이 아니면 임금과 백성들의 서로 다른 본분을 어떻게 알겠는가? 그것이 없으면 생활의 기초가 되는 규칙도 없네. 그것이 아니면 천지창조며 남북극이며 천체의 규칙적 운행을 우리는 알 수가 없네. 그리고 천사와 악마의 구별, 이 세상의 시작과 종말, 영혼과 육신의 결합, 죄를 사면하기 위한 천주 성자의 강세, 선한 이는 천당에서 상을 받고 악귀는 지옥에서 벌을 받는 것 등등 이 모든 것도 우리는 알 수가 없네."

천주교 서적을 아직 모르고 있던 이승훈은 이벽의 말을 듣고 크게 놀라고 감탄하였다. 그래서 그는 이벽에게 서학과 연관된 책을 몇 권 보고 싶다고 하였다. 이벽은 이승훈에게 자신이 가지고 있던 책인 《천주실의》天主實義 등을 보여주었다.

이승훈은 이벽이 가지고 있던 책들을 대강 읽어보고 나서 기뺨에 넘쳐 자기가 북경에 가서 할 일이 무엇이냐고 물어보았다. 이벽은 이승훈이 북경에 가게 된 것은 천주가 조선을 불쌍히 여겨서 구원하고자 보낸 것이니, 북경에 있는 천주당에 가서 신부들을 만나 모든 것을 물어보고 교류를 하고 예배와 관련된 것을 자세히 알아보라고 하였다.

이벽의 이 같은 이야기를 들은 이승훈은 엄청난 사명감을 갖게 되었고, 이벽의 말을 스승의 말처럼 받아들였다. 그리고 자기들의 공통된 소원 실현을 위하여 모든 노력을 아끼지 않을 것을 약속하였다.

조선인 최초로 세례를 받다

결국 이승훈은 이벽의 권고대로 북경에 가서 4곳의 성당 중 하나인 '북당北堂'을 찾아가 그라몽Grammont·梁棟材 신부를 만나 그에게서 수학을 비롯한 서양 과학서적을 얻고 천주교 교리를 습득하였다. 그런 후에 조선 천주교회의 초석이 되라는 의미로 '베드로'라는 이름으로 영세를 받았다.

이는 한국 천주교회사에 기념비적인 일이다. 그가 어떻게 그라몽 신부로부터 영세를 받게 되었는지 상세한 기록은 남아있지 않다. 하지만 조선에서 건너온 젊은이의 신앙적 열기에 그라몽 신부가 감동하여 영세를 준 것만큼은 분명한 사실이다.

그때 북경에 있던 선교사 방답 홍 신부가 1784년 11월 25일에 서양의 자기 친구들에게 이 기쁜 사실을 다음과 같이 적어 보냈다

"조선 사신들이 작년 말에 왔는데, 그들과 그들의 수행원들이 우리 성당을 찾아왔습니다. 우리는 그들에게 종교 서적을 주었습니다. 그중 한 분의 아들은 나이 27세인데, 이승훈이라고 합니다. 그는 서적들을 열심으로 읽어 거기에서 진리를 발견하였고, 또 천주의 은총이 그 마음을 움직였기 때문에 교리를 깊이 연구한 다음 입교하기로 결심하였습니다. 그에게 성서를 주기 전에 그에게 많은 문제를 물어보았는데, 그는 모두 대답을 잘하였습니다. 우리는 그중에서도 만일 왕이 그의 행동을 못마땅하게 생각하여 신앙을 버리라고 강요하는 경우에는 어떻게 할 결심이냐고 물어보았습니다. 그는 서슴지 않고 진리를 명백히 하는 종교를 버리기보다는 차라리 모든 형벌을 감수하겠다고 말했습니다. 우리는 또 복음이 가르치는 순결은 여러 여자를 데리고 사는 것을 용인하지 않는다는 것도 잊지 않고 알려주었습니다. 그랬더니 그는 법적인 아내밖에 없고 또 다른 여자를 결코 얻지 않겠다고 대답하였습니다. 마침내 그는 조선으로 돌아가기 위하여 출발하기 전에 그 아버지의 승낙을 얻어 세례를 받았습니다. 그라몽 신부가 '베드로'란 세례명으로 그에게 영세를 주었습니다. 그의 성은 이가이며, 왕가의 인척이랍니다. 그는 고향으로 돌아가면 인간의 공명을 버리

고 가족과 함께 시골로 물러가 자기 영혼을 구하는 데만 진력하고자 한다고 말하였습니다. 그리고 해마다 우리에게 소식을 전하겠다고 약속하였습니다."

북경에 있는 서양 신부들은 이승훈에게 영세를 주고 조선에 천주교를 보급한 것을 너무도 귀하게 생각한 것이다. 이와 같이 다른 나라에서 천주교를 신앙하겠다고 신자가 찾아온 것은 세계 천주교회사에서도 매우 특이한 일이다. 더욱이 그 나라의 최고 명문거족이자 장차 나라를 이끌어갈 지도자가 될 사람이 찾아왔으니 서양 신부들의 기쁨은 놀랄 만한 일이었다.

이승훈은 북경에서 천주교 서적과 성물聖物을 받아서 정조 8년(1784년) 3월에 조선으로 귀국하였다. 이승훈이 귀국하던 시기에 이미 조선에서는 사돈인 이벽을 중심으로 자생적인 천주교 교리 연구가 활성화되어 있었다.

이승훈은 귀국하자마자 조선 천주교 신자들의 부탁으로 사제와 같은 역할을 하였다. 진짜 신부는 아니었기 때문에 임시 대리하는 사제인 '가사제'假司祭라는 이름으로 활동하기 시작했다. 이승훈은 그해 겨울 정약전과 정약용, 이벽, 권일신, 이존창, 홍낙민 등과 역관 최창현, 김범우 등에게 영세를 주었고, 곧바로 신앙집회를 열기 시작하였다. 이로써 조선에서 최초로 천주교회가 성립된 것이다.

정약용은 이승훈이 친누이의 남편이자 학문적 동반자였기에 그가 말하는 천주교 신앙에 적극적이었다. 정약용이 훗날 동부승지를 사직하면서 올린 상소를 보면 이승훈에 대한 신뢰가 얼마나 컸는지 자세히 알 수 있다. 이승훈이 단순히 천주교를 전파한 신앙인으로서가 아니라 평창이씨 가문과 여주이씨 가문의 실학적 기풍을 실천하고 노력한 것을 정약용의 글을 통해 이해할 수 있다.

성호 이익이 직접 논에 들어가 농사를 지었던 것을 알고 있었던 이승훈은 평등정신 속에 신분 차별만이 아닌 남녀의 차별도 없애고자 하였다. 그래서 그는 신분 고하를 가리지 않고 천주교를 통해 평등정신을 실천하였다. 여인들에게도 차별을 하지 않았고, 노비들도 해방시킬 준비를 하였다. 그가 바로 노비를 해방시키지 않은 것은 너무 급하게 추진하였을 때 천주교가 오히려 위험에 빠질 수 있다고 생각했기 때문이다. 아마도 이승훈이 천주교 신앙에 매진하였던 것은 오래도록 고민했던 평등정신을 실현할 도구로 봤기 때문일 것이다.

사교邪敎의 우두머리가 되어 형장의 이슬이 되다

이승훈이 주도하는 천주교 신앙집회는 끝내 발각되고 말았다. 정조 9년(1785년)에 오늘의 명동성당이 자리 잡은 명례동에 있던 역관 김범우 집에서 미사를 드리던 중 적발됐다. 이때 정약용이 함께 있었던 것은 너무도 당연했다. 형조의 나졸들에게 발각된 이른바 '을사추조 적발사건'이다. 김범우가 투옥되고, 예수의 성상이 압수되었다. 이 사건으로 서학은 사교邪敎로 지목받기 시작하였고, 이승훈은 사교의 우두머리로 평가받았다.

그러나 오히려 이승훈은 정조의 총애로 평택현감에 제수 받았다. 정조가 이승훈을 얼마나 총애했는지를 알 수 있는 대목이다. 조정에서 천주교 문제가 발생할 때마다 조정의 논의를 피하게 하기 위해 정조가 정약용을 지방의 수령으로 보냈듯 이승훈도 평택현감으로 보낸 것이다.

평택현감으로 있던 이승훈은 정조 15년(1791년)에 전라도 진산(현재의 충남 금산. 당시는 전라도에 속했다.)에서 정약용의 사촌 형제인 윤지충, 권상연이 천주교 신앙 때문에 어머니의 신주를 불사른 사건이 발생하자 사교의 우두머리를 탄핵해야 한다는 상소로 곤궁에 처하게 되었다.

정약용의 친구였다가 그를 배반한 이기경이 '사서邪書를 열독함은 장차 천하를 뒤집으려는 심산'이라고 모함하였다. 이로 인하여 이승훈은 의금부로 압송되어 심문을 받았지만 아무런 증거가 없어 무죄로 석방되어 평택으로 돌아갔다.

그러나 이승훈을 제거하려는 노력은 계속되었다. 조선시대는 수령으로 부임하여 3일 내에 향교의 대성전에 가서 공자 위패에 절을 해야 한다. 그런데 이승훈이 부임하고 나서 향교에 들러 낡은 건물을 수리하라고만 지시하고 공자에게 절을 하지 않았다는 이유로 다시 탄핵을 요구하였다. 결국 정조도 어쩔 수 없이 이승훈을 충남 예산으로 유배시킬 수밖에 없었다. 이승훈은 5년간 유배 생활을 하다가 정조 20년(1796년)에 해배되어 집으로 돌아왔다.

그로부터 몇 년 후 정약용과 더불어 조선 사회를 개혁시키고자 노력했던 이승훈에게 비극이 찾아왔다. 그것은 다름 아닌 정조의 죽음이었다. 정조의 죽음 이듬해인 순조 1년(1801년) 2월 9일 이승훈은 외삼촌인 이가환, 처남 정약용 등과 함께 의금부에 수감되었다. 정조의 반대 세력들은 대비인 정순왕후와 함께 개혁 세력들을 제거하기로 하였다.

신분제도를 없애고 백성들을 중심으로 하는 새로운 세상을 꿈꾸는 이들은 기득권들 입장에서는 존재해서는 안 되는 인간들이었다. 더욱이 그들은 천재라는 이름으로 백성들로부터 존중을 받고 있었고, 허세와 위선이 아닌 실학정신으로 무장하여 백성들의 삶속에 함께 있었다. 그래서 더욱 무서운 존재들이었다. 만약 그들이 계속 세상에 남아 평등이라든가, 신분 해방이라든가 하는 이상한 소리를 외치면 기득권 사회의 구조가 한순간에 무너질 수 있다고 노론 세력들은 판단한 것이다. 그 중심에 이승훈이 있었음은 말할 나위가 없었다. 결국 이승훈은 반드시 죽여야 할 대상이었다.

정순대비를 중심으로 하는 권력의 주체들은 가장 무서운 인간인 이승훈과 이가환을 죽이기로 결정하였다. 정약용과 정약전은 천주교 배교의 문서들이 존재하였다. 정약용의 형인 정약종이 자기 형제들을 살리기 위해 정약용과 정약전이 배교했다는 문서를 들고 의금부로 왔기 때문에 이 두 형제는 죽일 수 없었다.

　하지만 이승훈은 그렇지 않았다. 아마도 정치적 생존을 위해 무던히 애썼던 정약용과 노론 세력이 은밀히 타협했을 수도 있다. 그래서 노론 기득권은 정약용보다 더욱 과격한 신분해방주의자 이승훈을 죽이는 것으로, 종교라는 이름으로 하는 탄압하기로 한 것이다.

　결국 이승훈은 천주교 우두머리로 지목되어 2월 26일 정약종, 최필공, 홍교만, 홍낙민 등과 함께 서소문 네거리에서 참수되었다. 조선 사회를 개혁하고 백성들이 평등한 사회로 만들어 갈 수 있는 미래의 지도자가 사형장의 이슬로 사라진 것이다. 조선의 비극이었다.

　이승훈의 시신은 집으로 옮겨졌다가 인천에 매장되었다. 그 뒤 그의 후손들이 한국 천주교회의 발상지인 천진암으로 옮겨 오늘날에 이르고 있다.

　조선 사회의 개혁 사상가였던 이승훈은 현실 사회에서 실학 정신으로 사회적 변화를 추진하고자 하였다. 그러나 사교邪敎의 우두머리란 이유로 그의 사상은 현실에 크게 반영되지 못하였다. 참으로 안타까운 일이다.

　기득권은 자신들이 가장 두려워하는 평등세상을 만들고자 하는 개혁가들을 반드시 제거하였다. 이승훈이 서소문 네거리에서 참수당하기 전에 지었던 절명시가 오늘날까지 전해지고 있다.

　月落在天 水上池盡
　달이 지더라도 하늘에 있고, 물이 넘쳐도 연못에 가득하네.

　세상과 백성을 사랑했던 자신의 변함없는 마음을 담은 것이리라!

　삼가 이승훈의 명복을 빈다.

최제우 :
평등과 자주를 꿈꾸다 대역죄인이 되다

"부귀자는 공경公卿이요, 빈천자는 백성이라"

동학의 창시자 수운 최제우가 당대 사회의 모순을 통탄하며 한 말이다. 부유한 자들은 모두 권력을 가진 고관대작들이고, 가난하고 힘없는 이들은 백성들이라는 것이다.

수운의 이 말은 160여 년이 지난 이 대한민국 땅에 그대로 적용되고 있다. 일부 가난한 자들이 출세를 하여 부귀자가 된 사례도 있기는 하지만 조선 후기 노론의 권력이 일제 강점기 친일파로, 해방 이후 친미파로 변신하며 오늘 이 시대에 국회의원이 되고, 재벌이 되고, 검찰이 되고 판사가 되어 권력을 유지하고 있다. 그리고 가난한 이들은 아직도 햇볕조차 들지 않는 지하방에서 숨을 헐떡이며 살아가고 있다. 아직도 수운의 후천개벽後天開闢의 뜻이 실현되지 못하고 있는 것이리라!

그럼에도 수운은 부자와 가난한 자들을 갈등의 대립 관계로만 보지 않았다. 그는 양자 모두가 '군자'^{君子}가 되어 하나가 되는 사회를 만들 수 있다고 생각했다. 물질적 궁핍과 차별적 인간관계를 우리 스스로가 충분히 해결하여 모두가 평등한 세상을 만들 수 있다고 하였다. 수운이 이렇게 자신한 것은 우리 민족이 동방에서 태어나 동방의 학문인 '동학'^{東學}을 하였기 때문이라는 것이다.

'서학'^{西學}의 반대 개념으로서의 '동학'이 아니라 동방에서 우리가 반드시 평등의 세상을 이룰 수 있다는 동방 민족의 자부심이 수운의 진정한 '동학사상'인 것이다. 이와 같은 수운의 생각이 어쩌면 먼 훗날의 이상국가라고 생각할 수 있을지 모르겠지만, 한편으로는 양극화가 진짜 심화한 오늘의 한국 사회에서 새로운 대안으로 당시 동학을 생각할 수 있지 않을까 한다.

동방에서 태어났으니 동학^{東學}이라!

수운 최제우는 영남 남인의 적통을 이은 최옥^{崔鋈}과 재가녀 한씨 부인 사이에서 태어났다. 수운의 탄생 이야기는 흡사 공자의 탄생 이야기와 흡사하다. 공자의 아버지가 70세가 되도록 자식을 낳지 못하고 있었는데, 16살의 안징재라는 어린 여인이 하늘의 뜻이라며 찾아와 합방을 하여 공자를 낳았다고 한다.

최제우 역시 이와 비슷하다. 수운의 아버지 최옥이 60세가 되도록 자식이 없었는데, 인근 마을의 스무 살 청상과부가 꿈에 신령이 나타나 최옥과 동침하라는 계시가 내려 최옥을 찾아왔다고 한다. 늦은 밤에 자신의 사랑방에 있는 여인을 보고 놀란 최옥은 그녀를 내보내려 하였는데, 너무나 완강하게 거부하여 어쩔 수 없이 합방을 하여 수운을 낳았다고 한다. 최옥의 나이 61세에 낳았으니 아들 최제우가 얼마나 사랑스러웠겠는가? 수운이 비록 서자로 태어났지만 하나뿐인 아들이어서 적자, 서자 구별 없이 아버지의 사랑을 듬뿍 받으며 성장하였다.

수운의 아버지 최옥은 영남 남인 중 모르는 이가 없을 정도로 높은 학문을 가진 인물이었다. 퇴계 이황의 학통을 그대로 이은 인물로 비록 과거에 합격하지는 않았지만 영남 지역 백성들이 존경하는 사대부였다. 그는 특히 세상을 떠난 국왕 '정조'를 흠모했다.

최옥은 정조 승하 이후의 시대를 '말세'^{末世}로 규정하였다. 의리가 사라져 선비들이 얼굴에 화장을 하고 권력자들의 면전에서 아양이나 떠는 시대로 보았다. 정조가 죽고 나서 백성들이 뿌린 눈물이 하늘을 가렸다고 애석해할 정도로 그는 정조를 그리워하였다. 재야에서 상당히 과격한 사상을 가지고 있는 인물이었던 것이다.

수운은 재가녀의 아들이라서 당시 사회에서 소외될 수 있는 처지였다. 하지만 아버지 최옥이 사랑하고, 어려서부터 영민하여 아버지를 비롯한 마을 어른들로부터 남다른 관심과 칭찬을 받았다. 그런데, 이는 가정에서만의 일이지 사회 전체가 그를 인정하지 않았다. 이것이 어쩌면 그를 시대에 대한 저항과 서자들을 비롯한 사회적 약자들과 함께하는 세상을 만들려는 투쟁의 삶을 살게 한 것이리라!

수운의 부친 최옥은 자신의 부친과 스승의 학문을 잇기 위하여 경주 외곽 구미산의 계곡에 정자를 지었다. 이 정자의 이름을 '용담정'龍潭亭이라 하였다. 최옥이 정자 이름을 용담정으로 지은 것은 스스로 '와룡'臥龍이라 이름 짓고 은거했던 제갈량을 본받고자 하는 마음이었다.

최제우는 이 용담정에서 공부를 하였는데, 이는 부친을 흠모하고, 더불어 자신도 세상을 경륜하는 제갈량이 되고자 하는 생각이 있어서였다. 유비를 받들어 삼국을 통일하기 위해 자신의 모든 것을 쏟아 부은 제갈량처럼, 최제우 역시 용담정에서의 수행을 통해 나라를 구하는 제갈량과 같은 인물이 되고자 했다.

이렇게 성장한 최제우는 어린 시절부터 '무'武에 대한 관심이 남달랐다. 그는 한량들과 어울려 활을 쏘고, 호걸들과 어울려 말을 타기도 하였다. 문과 과거를 준비하는 양반 자제들이 '육례'六禮의 하나인 활쏘기를 연습하였지만, 한량들과 어울려 활을 쏘거나 호걸들과 어울려 말을 타고 돌아다니지는 않는다. 그러나 수운은 호연지기를 키우며 주체적이고 자주적인 생각을 가지고 있어야 한다고 생각해서 이와 같은 활달한 행동을 하였다.

부친 최옥이 죽고 난 후 최제우는 고민 끝에 다른 학문을 물리치고 본격적으로 무예 수련에 힘을 기울였다. 그의 무예 수련과 무인으로서 지향은 그가 훗날 외세로부터 나라를 지켜야 한다는 자주의식을 갖게 한 바탕이었다. 하지만 제갈량이 되고 무예를 익혀 나라를 지키고자 한 그의 꿈은 안동김씨 세도정치로 인하여 끝내 무너지고 말았다.

양반들의 비실용주의를 거부한 최제우

최제우는 어려서부터 세도정치와 노론의 후예들인 안동김씨의 패거리 정치에 강한 불만을 가지고 있었다. 즉 왕실 외척의 세도정치로 인하여 정권에서 소외된 대부분의 양반들은 입신출세의 길이 차단되어 몰락의 길을 걷는 데 반해, 권력자들은 엉터리 과거시험과 그들만의 조작으로 염치없는 부도덕한 사회를 만들었다. 인재를 양성하고자 하는 생각은 없고, 오로지 자기들 친인척과 학연을 통해 관직을 팔아먹고 있을 뿐이었다. 그러다 보니 나라의 경제는 형편없이 나락으로 떨어지기 시작했다. 백성들은 굶어 죽어나가고, 관료들의 부정부패는 날로 심해졌다. 이래 죽으나 저래 죽으나 백성들은 죽기만을 바라는 세상이 된 것이다.

수운은 이처럼 잘못된 세상을 바로 잡기 위해서 양반들과 백성들 모두가 실용적 행동을 해야 한다고 생각했다. 동학농민운동의 지도자 오지영이 《동학사》에 기술하였듯이, 그가 집안에 있으면서 산업産業도 하여 보았고, 저잣거리에서 장사도 하여 보았다는 것은 그의 실학정신과 실천을 보여주는 것이다.

아무리 서자 출신이라 하더라도 어린 시절부터 유학의 기풍을 받고 자란 이가 실제 산업과 장사를 하는 것은 쉽지 않은 일이다. 그러나 최제우는 동학을 창도하기 이전부터 일반 백성들과 같은 삶을 사는 것을 전혀 부끄러워하지 않았다.

그는 장사를 하면서 전국 곳곳을 돌아다녔고, 직접적이고 구체적으로 당시 서민들과 만나 이들의 면면을 직접 볼 수 있었다. 이를 통해 보다 구체적이고, 온몸으로 감지할 수 있는 현실 감각을 지니게 되었다. 새로운 개혁을 하고자 하는 이들이 현장에서 답을 얻듯 수운 역시 현장에서 개혁의 세상을 만들 토대를 구축한 것이다.

반외세 민족의식 성립

수운이 살아가던 19세기 중반은 서양이 동양을 침공하기 시작한 시대였다. 수운은 처음에 서학도 연구하였다. 훗날 동학의 사상을 정립할 때 서학의 핵심 서적인 《천주실의》天主實義 내용이 상당히 반영되었다. 천주학의 평등사상이 동학에 내포된 것이다. 1855년에 최제우는 어느 승려로부터 천서天書를 받았다고 하였는데, 그 책이 바로 《천주실의》라고 한다. 오늘날 천도교와 동학 연구자 모두 《을묘천서》乙卯天書라 불리는 이 책이 《천주실의》라고 이야기한다.

수운은 서학을 깊이 연구하였음에도 불구하고 서학에 대해 올바른 판단을 하지 못하였다. 그 이유는 바로 서양 세력이 무력을 동원해서 동양 사회를 침략하였기 때문이다. 민족적 의식이 서학을 배척하게 한 것이다.

수운은 서양의 종교와 무력 침투가 매우 심각한 것이고, 이는 단순히 조선만의 문제가 아니라 중국과 일본을 포함한 동아시아 전체에 해당되는 것임을 간파하였다. 그는 서양 세력의 중국 침략이 곧 조선에 영향을 주어 나라가 위태롭고 백성들이 곤궁에 빠질 것이라고 인식하였다.

"서양은 싸웠다 하면 이기고, 공격했다 하면 빼앗으며, 이루지 못하는 것이 없다. 반면 청나라는 거의 망해가고 있다. 청나라가 망하면 이웃 나라인 우리나라가 위태롭지 않을 수 있겠는가! 상황이 이러한데도 나라를 바로 세우고 백성들을 편안케 하려는 방책이 나오려는 기미조차 보이지 않는다."

《동경대전》 '포덕문'

《동경대전》 '포덕문'에서 보듯이 수운은 서양이 청나라를 제압하고, 곧이어 조선을 침략할 것이라고 하였다. 그가 판단하였듯이 조정의 대소 관리들은 국가의 안정을 위한 어떠한 정책도 제안하지 못하고 있었다. 자기들의 이익만 얻는 것에 만족하고 있었기 때문이다. 나라가 어찌되든지, 백성들의 민생이 어찌되든지 기득권들은 관심이 없었다. 오로지 자기들의 권력과 돈벌이가 중요했다. 오늘 대한민국의 권력을 가진 이들과 하나도 다르지 않다.

그래서 최제우는 조정이 할 수 없는 서양 세력에 대한 대비를 자주의식을 가진 백성들과 동학교도들이 대신할 수밖에 없다고 생각했다. 그리고 하나하나 실천할 준비를 해나갔다. 기득권에 대한 불만과 저항이 곧 나라를 지키고 살리려는 애국의 실천으로 변화 발전된 것이다.

일본을 이길 수 있는 이는 백성뿐이다

최제우는 서양 세력에 대한 조선의 침탈만을 염려한 것이 아니었다. 그는 일본의 조선 침탈을 예견하였다. 그의 예견이 훗날 그대로 들어맞아 조선은 끝내 일본의 식민지로 전락하고 말았다. 최제우는 일본과의 오랜 악연이 당대에 재현될 것이라고 판단하였다. 그는 백성들이 쉽게 이해할 수 있도록 우리말로 일본을 경계하는 노래를 만들었다.

수운은 일본에 대한 상당한 적개심을 가지고 있었다. 일본이 1592년에 임진왜란을 일으키고 당대에 와서 조선을 다시 침입하려는 의도가 있다고 경계하였다. 최제우는 중국의 요순堯舜 임금 같은 정조가 국왕으로 있을 때는 나라가 평안하였지만, 세도정치로 인한 국기의 문란으로 다시금 나라가 일본의 침략으로 위험한 상태가 될 것이라 한탄하였다. 즉 정조가 재위하던 시기에는 위민정책과 자주의식을 바탕으로 강한 나라를 만들었으나, 이제 세도정치로 인하여 나라의 흥망이 위급한 상황이 되었고, 이에 일본의 침탈이 시작될 것이라고 생각한 것이다.

그렇기 때문에 동학을 통해 자주적 힘을 키워 백성들을 안심시켜야 한다고 강조하였다. 이와 같은 외세를 막아야 한다는 자주정신이 자연스럽게 동학의 '보국안민'輔國安民 사상이 되었고, 훗날 1894년 농민전쟁에서 '척양척왜'斥洋斥倭를 강조하였던 것이다.

최제우는 일본의 침입에 맞서 나라를 지킬 수 있는 사람들은 바로 정권에서 소외받고 배척받았던 영웅들과 백성들이라고 생각하였다. 그는 자신이 저술한 〈안심가〉에서 임진왜란 직전에 있었던 이몽학의 난으로 억울하게 죽은 김덕령이 살아있었다면 임진왜란을 8년이 아니라 3달 만에 평정하였을 것이라고 하였다. 이는 당시 군주인 선조와 기득권의 무능함을 이야기하고, 더불어 나라를 지킬 수 있는 사람들은 바로 백성뿐이라고 강조한 것이다.

수운이 이처럼 나라의 위기를 느끼게 된 것은 조선의 '사대주의’ 때문이었다. 그는 사대주의를 극복하고 나라를 지키기 위하여 새로운 사상을 제시하였다. 그것이 바로 동학이다. 그는 고려 말에 성리학이 도입되면서 사대주의가 발생하였다고 인식하였다. 그래서 성리학과 다른 동학을 창시하였다고 강조하고 있다.

최제우는 사대주의자들이 중국을 '대국'^{大國}이라 추앙하고, 동시에 조선을 '소중화'^{小中華}라고 하는 것에 비판을 가했다. 수운은 당시 사대주의 사상이 백성들에게 너무도 큰 영향을 주어 자손만대에 도저히 변할 수 없는 '대경대법'^{大經大法}이 되었다고 탄식하였다.

정치, 법률, 제도, 의식, 종교, 풍속, 언어, 문자 등이 모두 중국에 동화되었고, 성씨, 이름, 땅이름, 물건의 이름까지 모방하지 않은 것이 없다고 한탄하였다. 자기 나라의 글을 천한 계집들이나 사용하는 '언문'^{諺文} 혹은 가짜 글이라는 뜻의 '가문'^{假文}이라 하는 조선의 현실로서는 주체적인 나라를 건설할 수 없다고 판단하였다.

하다못해 향교와 서원에서 중국의 인물들을 주벽^{主壁}으로 내세우고 조선의 인물들을 하위에 배좌시켜 놓는 것도 사대주의의 전형이고, 양반들이 기득권을 유지하기 위한 방편이라고 생각하였다. 참으로 옳은 말이 아닐 수 없다. 지금도 유림이라고 자처하는 일부 사람들이 주체적으로 행동하지 않고 고루한 과거의 잘못된 관습을 마치 진리인양 지키려 하고 있다. 참으로 불행한 시대의 모순이다.

　이와 같은 불평등하고 사대주의적인 현실을 정확하게 인식하였던 최제우는 성리학을 이념으로 하는 사대주의 기득권층이 불평등주의를 조장하여 백성들을 통제하여 왔지만 백성들이 꿈을 깨는 날에 뒤집어질 것이라고 확신하였다. 즉 비주체적 사회가 주체적 사회로 전환될 것이며, 비자주적 국가가 자주적 국가로 전환될 것이라고 하였다.

사람은 모두 평등하다

　"음양이 서로 어울리어 비록 백천만물百千萬物이 그 가운데에서 화하여 나오지만 오직 사람만이 가장 신령한 존재다."

　수운은 《동경대전》을 저술하면서 인간이 가장 중요한 존재라고 강조하였다. '백천만물' 가운데 사람이 가장 신령한 존재라고 하는 것은 바로 '인내천'人乃天 사상의 핵심 내용이 된다. 사람이 가장 중요하기 때문에 양반과 평민, 적자와 서자 등 신분에 구애될 수 없다는 것이다.

　최제우는 세상 사람이 모두 공자는 아니어도 그 뜻은 한 가지요, 글은 비록 만권의 책을 읽지 않았어도 지닌 뜻은 능히 그에 견줄 만큼 크다고 했다. 즉 후천後天의 세상을 맞아 '시천주조화정, 영세불망만사지'侍天主造化定, 永世不忘萬事知 13자의 주문을 지극하게 읽게 되면, 그 사람됨이 공자와 같은 성인의 자질을 지니고 있지 못해도 그 품은 뜻이 공자와 한 가지가 될 수 있고, 비록 만권시서萬卷詩書를 읽지 못했다고 해도 품은 뜻은 능히 만권시서를 읽은 사람과 같이 웅대해진다는 것이다.

이는 인간의 존재가 귀천의 차별이나 능력의 차별이 없음을 이야기하는 것이다. 즉 인간은 평등한 존재로 동학에 귀의하여 열심히 수행을 하면 신분과 관계없이 공자와 같은 성인이 될 수 있다는 것을 말하는 것이다. 가히 파격이 아닐 수 없다.

최제우는 신분적 질서를 타파하고, 그러면서 자연스럽게 사람은 누구나 하느님을 모실 수 있고, 또 모셔야 한다고 강조했다. 사람이 하느님을 먼 곳에서 구할 것이 아니라 사람의 안에서 구해야 한다는 것이다. 가장 거룩한 하느님을 모시고 있는 사람이라면 역시 그 자체로도 거룩하지 않을 수 없고, 하늘과 같은 존재가 될 수 있다는 것이다. 이러한 최제우의 가르침은 양반들로부터 제대로 된 대접을 받지 못한 백성들에게 떳떳한 인간으로서의 긍지를 가질 수 있게 했다.

최제우의 뒤를 이은 해월 최시형도 사람 섬기기를 하늘같이 하라는 '사인여천'事人如天을 유일한 화제로 삼고, 사람 간에 부귀빈천富貴貧賤과 노소남녀老少男女, 적서노주嫡庶奴主의 구별을 가리지 말라고 하였으며, 사람과 사람이 서로 만날 때에는 서로 절을 올리라고 하였다. 신분의 차별이 없는 인간존중을 바탕으로 하는 평등의 세상을 추구한 것이다. 참으로 위대한 기득권에 대한 저항이었다.

수운 최제우로부터 시작된 동학의 시천주侍天主, 인시천人侍天, 인내천人乃天 사상은 모든 사람이 계층과 관계없이 각기 인간의 존엄성을 하늘과 같은 것으로 여기게 하였다. 남녀노소, 직업의 귀천, 지위의 고하, 빈부의 차별을 막론하고 도덕적으로도 차별이 있을 수 없고 인권이 무시될 수 없는 인간 평등의 이념으로 제시되었다. 즉 수운이 제시한 이념은 인간 평등주의를 주장한 것으로, 개인의 완전 해방과 사회생활의 완전 해방을 주장한다. 그러므로 인간은 어떠한 권력과 기득권에도 저항할 권리가 있고, 외세의 침략을 당하지 않는 평화의 나라에서 살아갈 존재라는 것이다.

비록 수운 최제우의 시대에 대한 저항은 그를 형장의 이슬로 사라지게 하였지만, 백성의 나라를 만들고자 거대한 전쟁을 벌인 동학농민전쟁과 항일독립 투쟁, 그리고 민주화 운동으로 이어졌다. 그리고 우리는 가장 가난한 나라에서 가장 선진적인 나라로 성장하였다.

그러나 아직 우리가 꿈꾸는 시대는 오지 않았다. 다시 수운의 시대와 같은 저항의 시대가 시작될지도 모른다. 위정자들만 모르고 있는 불행한 시대이기 때문이다.

최시형 :
척양척왜斥洋斥倭를 외친 동학 교주

거장 임권택 감독이 연출한 영화 〈개벽〉은 1991년 당시 대종상을 휩쓴 명작이었다. 역사를 소재로 한 영화가 대종상을 받는 것은 거의 없는 일이었음에도 영화 〈개벽〉은 동학 2대 교주인 해월 최시형의 삶과 죽음을 다루면서 진한 감동을 주었다.

동학東學에서 해월 최시형을 기억하는 이들은 사실상 드물다. 왜냐하면 '동학' 하면 떠오르는 인물은 수운 최제우이기 때문이다. 또한 동학의 이름이 천도교天道敎로 바뀐 이후 사람들은 3.1만세운동의 민족대표 33인의 수장인 손병희를 떠올리기에 동학의 2대 교주인 최시형은 사람들의 뇌리에 기억되지 않는다.

하지만 수운 최제우가 대구 감영에서 혹세무민의 죄로 사형을 당하고 동학의 교세가 완전히 사라질 즈음 목숨을 건 최시형의 포교 활동이 있었기에 역사 속에서 동학은 존재할 수 있었다.

영화 〈개벽〉에 나오는 것처럼 그의 헌신적인 삶이 아니었다면 동학의 부활과 포교는 존재할 수 없었다.

해월海月, 사인여천事人如天의 사상을 만들다

《동경대전》과 《용담유사》에 나타나는 동학의 기본 사상은 '포덕천하'布德天下에 의한 보국인민의 후천개벽을 전제로 하는 시천주侍天主 사상이다. 신앙의 대상을 천주(天主, 天, 上帝, 한울님, 하느님)로 하고 마음을 닦아 정성과 공경 그리고 신의를 갖추는 것이다.

이러한 시천주 사상은 동학의 창시자 최제우에 의해 이루어진 것은 사실이다. 하지만 최제우는 깨달음을 얻은 지 4년 만인 1864년 대구 감영에서 사형을 당하였기에 동학의 세력을 크게 키우지 못하였고, 이론의 체계를 확실하게 다지지도 못하였다.

동학의 이론 정립과 세력을 확장하여 1894년 농민전쟁에 이르기까지 힘을 키운 이는 바로 최제우가 아닌 그의 제자이자 2대 교주인 해월 최시형이었다. 그는 최제우가 강조한 시천주 사상을 뛰어넘어 인간이 곧 하늘이요, 인간을 하늘같이 섬겨야 한다는 '사인여천'事人如天 사상으로 확대하였다.

최제우에 의해 이루어진 유교와 불교 그리고 선교의 합일은 최시형에 의해 한 단계 높은 동학의 도道로 만들어졌다. 《동학사》를 저술한 오지영은 그 동학의 도를 이렇게 이야기하고 있다.

"동학의 도는 유교 같아도 유교가 아니오, 불교 같아도 불교가 아니오, 도교 같아도 도교가 아니오, 정치 같아도 별다른 정치가 아니오, 다만 사람에게 있는 도를 사람으로 하여금 찾게 하여 사람과 사람이 다 같이 잘 살아나갈 것을 말씀한 것에 불과한 것이다. 그것이 곧 사람이 세 가지 잘 먹고 사는 법을 이름이니 한 가지는 그 마음을 잘 먹어야 사는 것이오, 한 가지는 그 기氣를 잘 먹어야 사는 것이오, 한 가지는 그 밥을 잘 먹어야 사는 일이라 하는 바이며, 사람이 그 세 가지를 잘 먹고 사는 다하고 보면, 도는 스스로 원만대도圓滿大道가 될 것이오, 세상은 비로소 태평천국太平天國이 될 것이다."

즉 동학은 사람을 사람답게 대우하여 사람을 다 같이 잘살게 하는 것이다. 이러한 동학을 만들어낸 이가 바로 해월 최시형이다.

최시형은 일찍이 부모를 여의고 고용살이 등을 하고 살았다. 최시형의 본명은 경상慶翔으로, 최제우가 살고 있는 용담에서 25리 떨어진 경주 검곡에 살고 있었다. 최시형은 5세 때 어머니를, 12세 때 아버지를 여의게 되어 어려운 유년기를 보냈고, 17세부터 제지소製紙所에서 일하며 생계를 도모하였다. 그러다가 19세 때 밀양 손씨와 결혼하여 처가 근처인 경상도 흥해 매곡에서 농사를 지으며 살았다. 28세 때에는 포항 신광면 마복동으로 이사하여 화전민 생활을 하며 마을 집강 일을 보다가, 33세 때는 다시 검곡으로 이사했다.

최시형은 최제우가 깨달음을 얻고 본격적으로 동학을 포교하기 시작한 1861년 6월 동학에 입교했다. 설교를 듣고 동학의 규범을 배웠으며, 집에 있을 때는 명상과 극기로 도를 닦기에 힘써 한울님의 말씀을 듣는 등 여러 가지 이적異蹟을 체험했다고 한다.

1862년 3월 최제우는 자신을 제포한다는 소문이 돌아 경주에 숨어 지내며 거처를 아무에게도 알리지 않았다. 그런데 뜻밖에도 최시형이 최제우를 찾아왔다. 최제우는 이에 놀라 말했다.

"그대는 소문을 듣고 왔는가?"

"소생이 어찌 알겠습니까? 저절로 오고 싶어서 왔습니다."

이때 최시형은 그동안 동학의 사상을 공부했음을 말하고 기름 반 종지로 밤을 새워도 기름이 다 닳지 않았다며 이적異蹟이 있었던 일을 전했다.

실제 이러한 일이 있었는지는 알 수 없다. 깊은 수행을 하다 보면 작은 일이 기이한 일처럼 느껴질 때가 있을 수 있기 때문이다. 이 일에 대해 최제우는 조화의 큰 징험이라고 최시형에게 일러주었다.

이때부터 최제우는 최시형을 본격적으로 자신의 후계자로 생각하기 시작했다. 최시형은 최제우로부터 포교에 힘쓰라는 명을 받고 영해, 영덕, 상주, 홍해, 예천, 청도 등지를 돌아다니면서 포교를 하여 많은 성과를 거두었다.

1863년 7월 북도중주인으로 임명되었고, 8월 도통을 이어받았다. 이때 최제우는 최시형에게 '해월'海月이라는 호를 내려주었다. '해월'이란 '모든 바다를 비추는 달'이란 뜻이다. 즉 바다 위에 높이 떠 있는 둥근 달은 바다 전체를 비추는 것으로, 최시형이 바다의 달처럼 모든 백성들의 빛이 되어 동학을 널리 포교할 것이고, 백성들을 기득권과 외세로부터 구제하는 사람이라고 천명해준 것이다. 이는 최제우가 곧 닥칠 자신의 죽음을 예견하고 최시형을 미리 후계자로 정하고 이를 선포한 것이다.

> "참으로 이른바 첫 공을 이룬 사람은 갈 것이다. 이 운(후천개벽의 운을 뜻하는 듯하다)은 반드시 그대에게서 나올 것이다. 이 뒤로 도의 일을 신중히 간섭하여 나의 가르침을 어기지 말라."
>
> 《도원기서》

이것은 바로 도통의 전수를 뜻한다. 이후로 최제우는 경주 남쪽의 포덕에 전념하면서 그 북쪽은 최시형에게 맡겼다. 그 뒤 최시형은 '주인', 최제우는 '대주인'으로 불렸다.

그해 12월 최제우가 체포되자 관헌들의 눈을 피해 옥바라지를 하다가 태백산, 안동, 평해 등지에서 도피생활을 했다. 1864년

3월 최제우가 처형되자 다음 해 1월 평해에서 울진으로 거주를 옮겨 최제우의 부인과 아들을 보살폈다. 같은 해 6월 영양으로 이사한 후 수도에 힘써 1년에 4차례씩 49일간 기도했으며, 《동경대전》과 《용담유사》를 외워 받아쓰게 하여 교도들에게 전했다.

사실 그는 한문을 몰랐다. 너무도 가난하고 어려운 처지여서 한문을 배울 수가 없었다. 수운 최제우는 비록 서자로 태어났지만 영남 남인의 거두인 최옥의 아들이었다. 최옥은 퇴계 이황의 학통을 그대로 이었던 영남 지역 사대부의 최고 학자로 대산 이상정의 제자이기도 했다. 그리고 경제적 여유가 있었기에 서자이지만 유일한 아들인 최제우를 사랑했고, 아들에게 열정적으로 글 공부를 시켰다. 하여 최제우의 학문은 영남 남인의 적통을 잇는 것이기도 했다.

하지만 최시형은 너무도 가난한 평민 출신으로, 글을 배우지 못했다. 그럼에도 그는 최제우의 모든 가르침을 기억하고 있었고, 최제우의 죽음 이후 동학의 2세 교주가 된 이후 자신의 기억을 문자를 아는 제자들로 하여금 기록하게 하였다. 그의 기억으로 다시 기록된 것이 오늘날 동학의 모든 경전인 것이다. 여기서 우리는 최시형이 진정 한울님을 몸과 마음으로 받들고 그러한 섬김이 특별한 지혜를 주는 것을 확인할 수 있다.

수운 최제우가 죽고 해월 최시형이 포교를 하러 다니던 시절 그의 별명은 '최보따리'였다. 등에 괴나리봇짐을 들러 메고 전국을 떠돌아 다녔기 때문이다. 숨어서 도道를 전파하러 다녔다고 하여 '은도시대'隱道時代라 불리던 시절 최시형은 봇짐 하나를 메고 산천 방방곡곡 다니지 않은 곳이 없었다.

그의 인품에 감화되어 동학의 세력은 다시 성장하기 시작하였다. 최제우의 죽음 이후 산산이 흩어져가던 동학교도들을 모은 것은 전적으로 최시형의 헌신과 겸손하면서도 강인한 영도력 때문이다.

동학을 조직화하다

동학사상 핵심은 '생명'을 중시한다는 데 있었다. 수운 최제우에 의해 창도된 동학은 '사람은 누구나 하늘을 모시고 있는 위대한 존재'라는 하늘의 도를 추구했다.

최시형은 동학교도들에게 이렇게 강조했다.

"풀 한 포기 나무 한 그루라도 무고히 해치지 말라. 만물을 소중히 여기지 못하는 자는 사람을 존중하지 못한 것과 같다."

모든 생명을 소중히 생각하라는 최시형의 사상은 특별한 것이었다. 양반 사대부들의 탐욕에 의해 가난한 이들은 더욱 가난해져 인간의 생명에 대한 생각을 전혀 하지 못하고 있을 때 최시형은 인간의 생명만이 아니라 자연 그 모든 것의 생명을 소중히 여기라고 한 것이다.

최시형은 이미 100년 전, 인간 이하의 대접을 받던 여성을 '한울님'이라고 높여주었고, 어린 아이를 때리지 말라면서 어린 아이가 상하면 하늘이 상한다며 '어린이 사랑'을 역설했다. 또한 '땅에도 하늘이 담겨 있고, 우리가 먹는 밥 한 그릇에는 모든 생명이 담겨 있다'며 생태와 생명의 소중함을 일깨웠다.

150여 년 전 가르침이라고 하기엔 놀라운 통찰과 철학적 경지가 아닐 수 없다. 그의 사상은 신神만을 공경하는 여타의 종교 사상을 넘어 "사람과 자연을 아끼고 만물을 공경"하는 삼경사상三敬思想으로 일체화되기에 이른다.

최시형은 반상과 적서의 차별을 타파하고 종을 잘 대우하고 노인과 청년을 동등하게 예우하라고 했다. 그는 "길가에서 어린이를 때리는 것은 하늘의 뜻을 상하게 하는 것이다. 곧 하늘을 때리는 것이다."라고 가르쳤고, "부인, 소아의 말이라도 이를 배우라."고도 했다. 또 "집안사람을 한울같이 공경하라. 며느리를 사랑하라. 노예를 자식같이 사랑하라. 우마, 육축을 학대하지 말라. 만일 그렇지 못하면 한울님이 노하시니라."라고 〈내수도문〉에서 일렀다.

최시형은 제자들이 포교를 하느라 너무 고생을 하였으니 쉴 것을 권유할 때면 "한울님이 쉬는 것을 보았느냐"고 꾸짖으며 나무를 심고 새끼를 꼬는 일에 열심이었다. 그러한 최시형이었기에 베를 짜는 며느리를 보고 '그가 바로 한울님'이라고 강조하는 '일하는 한울님' 사상을 역설하였다.

해월은 노동의 신성함과 함께 밥 한 그릇의 이치를 알면 바로 진리를 아는 것이라는 '밥사상'을 널리 강조하였다. 즉 '밥 한 그릇'은 우주 대자연의 미물인 곤충들, 그리고 인간들의 협동으로 만들어지는 것이므로 바로 밥 한 그릇에 진리가 들어있다는 것이다. 이것이 곧 최시형의 '이천식천'以天食天 사상이다.

이처럼 최시형은 수운 최제우로부터 도통道統을 계승한 후 그 교리를 보다 폭넓고 심오하게 체계화시킴과 함께 동학 조직의 재건과 각 지역 기반의 확대, 동학 경전의 집성, 동학의 각종 제도와 종교의례를 제정하였다.

1866년 10월, 최시형은 교조인 최제우의 탄신일에 모여든 교도들과 함께 계를 조직하기로 의견을 모으고, 1년에 2차례의 모임을 통해 흩어진 교도들을 재결속시키고 신앙을 다져나갔다.

1871년 최제우의 기일인 3월 10일에 영해부에서 '이필제의 난'이 일어났는데, 이 난에 많은 동학교도들이 참가하여 이후 다시 심한 탄압을 받게 되자 도피 생활을 계속하면서 동학을 재건하고자 노력했다.

1875년 '도'道는 때에 따라 나아가야 한다고 하여 이름을 최경상에서 때를 따라 순응한다는 뜻의 '시형'時亨으로 바꾸었다. 1878년 동학의 접소를 열고 교도들에게 접제의 통문을 돌려 최제우의 뜻에 따라 도를 펼 것을 알렸다.

1880년 5월 인제군에서 《동경대전》을 간행했고, 1881년에는 단양 샘골에서《용담유사》를 간행했다.

1892년, 1893년 걸쳐 동학교도들은 교조 신원과 척왜양창의 斥倭洋倡義를 내세우면서 시위를 벌였다. 최시형은 1894년 1월 전봉준이 주도한 갑오농민전쟁에 처음에는 때가 아니라 하여 반대하다가 5월에 전주화약을 맺고 일단 해산한 농민군이 10월 다시 봉기할 때 전체 동학교도에게 총기포령을 내렸다.

최시형은 손병희에게 "인심이 곧 천심이라. 이것이 천운소치天運所致니, 지금은 도인들을 동원하여 전봉준과 협력해서 교조의 원한을 펴며 우리 도道의 대원을 실현하라."고 하며 대통령기大統領旗(큰 통령을 상징하는 깃발)와 벌남기伐南旗(남쪽을 치는 깃발)를 주어 공주와 이인에서 전봉준과 회동하게 했다. 이에 손병희는 논산에서 전봉준을 만나 '척왜양창의기'斥倭洋倡義旗를 내걸고 연합전선을 폈다. 최시형은 1894년 12월말 갑오농민전쟁이 진압되자 피신 생활을 하면서 포교에 힘을 기울였고, 1897년 손병희에게 도통道統을 전수했다.

이 당시 일본은 최시형을 체포해야만 더 이상 일본에 대한 조선인의 항거가 없다고 생각했다. 그래서 자신있게 동학의 주요 지도자들을 체포해나가기 시작했다. 그 과정에서 해월의 최측근인 권성우가 충청도 이원에서 체포되었다. 권성우는 엄청난 고문에 시달린 끝에 최시형의 거처를 알려 주고 말았다. 군사들이 최시형의 거처로 그를 체포하러 왔으나 당시 해월이 너무 심한 병을 앓

아 평상시의 모습이 아니어서 군사들이 그를 알아보지 못해 체포되지 않았다.

체포를 모면한 해월은 강원도 치악산 일대로 숨어들어 갔으나 목숨이 두렵고 상금이 탐난 동학교도 송경인이 밀고를 하여 끝내 원주 서면 송골에서 1898년 3월 체포되어 서울로 압송, 6월 72세의 나이로 교수형을 당했다.

최시형은 마지막으로 "나 죽은 후 10년 후에 주문 읽는 소리가 장안에 진동하리라."는 유언을 남겼다. 실제 그의 유언대로 10년 후인 갑진년에 개화혁신운동이 일어났고, 다시 1919년 3.1만세혁명의 함성이 울려 퍼졌다.

해월은 다시 태어난다

최시형의 시신은 사형당한 이후 동학교도들에 의해 여주의 금사면 주록리 천덕봉으로 옮겨졌다. 이 곳은 최시형이 '유령에게 빼앗겼던 밥그릇을 되찾아 대낮의 산 사람 앞으로 옮겨놓는 역사'를 한 이천시 설성면 앵산동에서 멀리 보이는 곳이다. 최시형의 묘소 아래에는 손병희의 여동생이자 그의 세 번째 부인인 손시화의 묘가 나란히 놓여 있다.

해월 최시형은 동학의 교주이며 대접주였다. 그는 수운 최제우에 이어 백성들을 현혹하여 사교邪敎를 널리 퍼뜨린다는 이유로 사형을 당하였지만, 그의 포교로 동학은 대한제국 시기에 더욱 확대되었다. 천만 명 가까이가 동학의 교도가 되어 외세에 대한 항거를 시작하였다.

그로 인하여 죽은 자의 부활이 이 땅에서 이루어졌고, 그의 동학사상은 한반도 전역으로 퍼지기 시작하였다. 그리고 그의 사상은 반일 독립운동의 기반이 되어갔다.

이제 해월 최시형은 다시 태어날 것이다. 거짓 사이비 종교가 난무하고, 검찰을 비롯한 특정 세력들이 온 나라의 권력을 독점하고, 미국과 일본이 다시 제국주의 국가처럼 한반도에 압력을 넣어 우리 민족의 자산을 수탈하려는 상황이 된 오늘날 다시 최시형은 부활할 것이다.

최시형이 주장한 여성과 어린이를 존중하는 사회와, 모든 이들이 공평한 대우를 받고 진실된 자유가 넘치는 사회로 발전되는데, 그의 사상이 기반이 될 것이다. 여기에 더해 진정한 자주 의식으로 뭉쳐 더 이상 외세에 휘둘리지 않는 나라를 만들 것이다.

4부

평등세상을
만들고자
항거한 여성들

용녀 :
봉건체제와 맞서 싸우다

우리 역사에서 여성 혁명가를 만나기란 쉽지 않다. 남성이 우선시 되는 가부장적 체제에 순응하지 않고 자신만의 세계를 만든 여성들이 존재하지 않은 것은 아니다. 하지만 실제 봉건체제를 뒤집어 엎고자 하는 혁명을 주도한 여성은 아주 극소수에 불과하다.

우리가 만난 자유인 황진이, 김만덕 등도 모두 시대에 앞서는 여인임에는 분명했지만, 스스로가 주도하여 세상을 바꾸고자 한 여인은 조선 역사상 '용녀'龍女밖에 없지 않나 하는 생각이 든다.

지금까지 우리 역사에 잘 알려지지 않은 여인, 용녀!

이름도 범상치 않은 용의 여인, 용녀.

그녀는 왜 세상을 바꾸려 한 것이고, 그 혁명은 어떻게 대단원의 막을 내렸을까?

미륵세상을 꿈꾼 여인 용녀와 여환의 만남

용녀는 무당 '원향'元香의 또 다른 이름이다. 용녀의 남편은 '여환'呂還이라는 승려다. 즉 용녀는 무당이고, 여환은 승려다. 무당과 승려의 혼인은 우리 역사에서 보기 드문 결합이라고 할 수 있다. 이 두 남녀가 서로 사랑해서 결혼하였다기보다는 철저하게 양반 사대부들이 기득권을 행사하고 있는 왕조 국가를 무너뜨리고 백성들의 세상, 아니 그들이 꿈꾸는 이상세계인 미륵세상彌勒世上, 용화세상龍華世上을 만들고자 함이었다.

하지만 안타깝게도 이들은 하늘의 도움을 받지 못해 끝내 실패하고 말았다. 두 부부가 양주목사 최세필에게 체포되어 문초를 받을 때 여환은 한마디도 하지 못했는데, 용녀는 혁명의 대의와 도탄에 빠진 백성들의 삶에 대하여 강물처럼 줄줄이 이야기하였다. 이러한 용기는 혁명에 대한 진정성이 가득하였기 때문에 나오는 것이다.

노론 사대부들에 비해 진보적 시각에서 역사를 서술했다고 평가받고 있는 역사가 이긍익마저도 그의 역사서《연려실기술》에 용녀에 대해 부정적 입장으로 글을 전개하였다. 이긍익은 소론 명문가 자제 출신으로 민중의 혁명에 대해서는 받아들일 수 없었던 탓에 그녀의 이야기를 괴상하고 허탄하기 짝이 없고, "간혹 무도한 말을 하였다."고 기록하였다.

여기서 '무도한 말'이라는 것은 바로 혁명을 통해 국왕을 몰아내고 백성들에 의한 나라를 만들겠다는 호언이었을 것이다. 그래서 많은 백성들은 목숨을 걸고 용녀를 높이 받들고, 그와 함께 누구나 평등한 용화세상을 꿈꾸었을 것이다.

용녀는 황해도 은율의 양가집 딸이었다. 황해도 은율은 해방 이후 최고의 민중운동가 중 한 분인 백기완 선생의 고향이다. 은율에서 멀지 않은 곳이 바로 장산곶이다. 장산곶의 상징인 장산곶매는 불의와 탐욕의 기득권을 공격하는 그야말로 민중의 매였다. 그러니 황해도 장산곶과 은율은 일찍부터 반봉건 혁명의 기운이 존재하던 곳이었다.

용녀는 양가집 규수답지 않게 특이한 이름이 있었다. 바로 '원향'이었다. 양가집 규수는 향기 향자의 이름을 사용하지 않는 것이 일반적이다. 향자를 쓰는 것은 보통 기생들이나 쓰는 것이지 일반 양가집에서는 사용하지 않는다. 그런데 원향의 부모는 그녀에게 이런 특이한 이름을 지어주었다.

그러나 차분히 생각해보면 처음부터 그녀의 이름을 원향이라고 지어준 것 같지는 않다. 그녀가 체포되고 한양으로 올라와 의금부에서 좌의정 조사석에게 국문을 받았는데, 이때 그녀는 자신의 신분을 무당이라고 하였다. 그녀가 양가집 규수였지만 아마도 이상한 무병巫病에 결려 신내림을 받아 무녀巫女가 되었을 가능성이 높다. 분명한 것은 그녀가 무당이었다는 것이다.

그녀는 무당이 되면서 신분의 엄청난 변화를 겪게 되었을 것이다. 무당은 조선시대 팔천민(八賤民)의 하나였다. 백정, 승려, 가죽 신발을 만드는 갓바치, 관아에서 일을 하는 방자 등과 같은 천민 이었다. 양가집 규수에서 갑자기 천민이 되어 천한 대우를 받게 되었을 때의 문화적 충격은 상당히 컸을 것이다. 한편으로는 무당 이 되어 보통의 인간들이 알 수 없는 영적(靈的) 신통력으로 가난한 백성들의 고민을 상담하고 그들이 받는 고통을 함께 받아들이는 영적 지도자로 성장하였을 수도 있을 것이다.

이처럼 은율에서 무당으로 자리를 잡아가는 와중에 강원도 통천 출신의 승려인 여환이 찾아왔다. 그리고 여환은 원향에게 결혼을 하자고 하였다. 오랜 수행을 하여 깨우침을 얻은 자신의 능력과 원향의 신통력을 합하여 봉건왕조를 타파하고 용화세상 을 만들자고 제안하였다. 그리고 이 둘은 곧바로 하나가 되었다.

여환(呂還)은 누구인가?

여환은 강원도 통천의 승려였다. 그는 일찍이 김화 천불산에 서 수행을 하다가 칠성(七星)이 강림하여 3개의 누룩을 받았다고 한 다. 여환은 자신의 아버지가 천불산에서 성재(聖齋)를 3번 차리고 자 신을 낳았다고 사람들에게 이야기했다. 자신을 신비화하고자 하 는 일종의 허위라고 볼 수 있다.

여기서 여환은 '누룩'에 대하여 특별한 설명을 하였다. '누룩'

은 한자로 쓰면 '국'^麴이다. '국'^麴과 나라 '국'^國은 음^音이 서로 같아서 자신이 3개의 누룩을 받은 것은 바로 '3국'^國을 받은 것이고, 3국은 곧 '3한'^韓을 의미한다는 것이다. 결국 '3한'이란 조선 전체를 말하는 것이니, 수행 중에 칠성으로부터 나라의 주인이 된다는 계시를 받았다는 것이다.

이러한 말을 어찌 믿을 수 있단 말인가? 이것이야말로 혹세무민^{惑世誣民}의 전형일 수 있다. 자신에게 칠성 말고도 '수중노인'^{水中老人}과 '미륵삼존'^{彌勒三尊}이 계시를 주었고, 그는 이러한 뜻을 3년 동안 수행하면서 백성들에게 전파하고 다녔다고 한다.

여환은 강원도에서 경기지역으로 와서 자신이 칠성과 미륵삼존으로부터 하교를 받았다고 이야기를 하다가, 경기 북부지역 영평 출신의 풍수가인 황회와 천민 대우를 받던 정원태를 만나게 되었다. 이들은 곧바로 의기투합하고, 지금의 시대가 석가의 시대인데, 이미 운수가 다해 곧 망할 것이고, 미륵이 세상을 주관하게 될 것이라고 떠들고 다녔다.

"오늘날 승려는 부처를 공경하지 않고, 백성들이 부처를 공경한다. 너는 과연 그것을 아는가? 이와 같은 때에는 용이 자식을 낳아 나라를 차지할 것이다. 바람과 비가 고르지 않고, 오곡은 여물지 않아 사람들이 많이 굶어죽을 것이다."

숙종 때 극에 달한 당파싸움으로 조정 관료들과 양반 사대부들은 민생에는 전혀 관심이 없었다. 그들은 노동과 생산을 중요하게 생각하지 않는 비실용적인 '주자 도통주의'에만 빠져들었고, 이미 사라져서 없는 중국의 명나라에 대한 사대로 충성할 뿐이었다.

　기득권이 백성들에 대한 최소한의 존중이나 민생의 안정을 위해 노력하는 흔적이라도 있었다면 백성들은 여환의 말을 믿지 않았을지 모른다. 하지만 백성들은 너무나도 고통스러운 시대에 살고 있었기에 조금만 더 투쟁하면 우리 스스로가 기득권을 없애고 모두가 평등한 백성의 나라를 만들 수 있다고 하니 이 말을 믿고 싶었을 것이다. 그러니 여환이 가는 곳곳마다 여환을 성인聖人처럼 받들어 모셨다.

　여환은 한 단계 더 나아가 스스로를 천불산 선인仙人이라 일컫고, 일찍이 '영盈, 측昃' 두 글자를 암석巖石 위에 새기고 "이 세상은 장구長久할 수가 없으니, 지금부터 앞으로는 마땅히 계승할 자가 있어야 할 것인데, 용龍이 곧 아들을 낳아서 나라를 주관할 것이다."라고 말하였다. 자신이 천불산의 신선인데 인간세상에 온 것이고, 자신이 곧 용과 결합하여 아들을 낳아 백성과 함께하는 진정한 나라의 주인이 될 것이라 하였다. 기득권의 권력이 가득 찼지만[盈], 그 권력은 반드시 기울어진다[昃]는 이야기는 역사의 진리인양 백성들에게 깊은 감동으로 다가갔을 것이다.

　여환은 자신의 측근인 전성달을 통해 원향의 존재를 알게 되었다. 그리고 원향에게 청혼을 하였다. 칠성과 선인, 미륵삼존의 계시를 받아 나라의 주인이 될 수 있다는 여환을 원향은 충분히 기쁜 마음으로 받아들였을 것이다. 여환에 대한 백성들의 인심은 너무도 좋았다. 관아에서는 전혀 눈치 채지 못했지만 황해도 일대 백성들에게는 여환과 원향은 자신들의 한恨을 풀어줄 지도자였다.

여환의 측근인 황회는 묘자리를 잡아주는 풍수가였는데, 그의 아내는 '성인제석'聖人帝釋이라 불리는 무당이었다. 황회와 그의 처는 신령스런 술법이 있어, 몸이 아픈 사람들 집에 가서 신당神堂을 차리고 귀신을 쫓는 굿을 하면 사람들의 병이 나았다. 그러니 당연히 추종자들이 많을 수밖에 없었다.

황회의 아내인 무당은 여환과 원향에게 또 다른 무당을 소개해주었다. 황해도 일대에서 큰무당으로 인정받고 있던 '계화'戒化였다. 계화는 '정씨'鄭氏 성을 가졌는데, 백성들에게 자신을 '정성인' 鄭聖人이라고 말하고 다녔다. 《정감록》에 나오는 정도령鄭道令의 다른 형태를 말하는 것이다. 정도령은 남자이기에 계화는 스스로를 정도령이라 말할 수 없으니, 여자 정도령격인 '정성인'으로 자처한 것이다.

그녀는 원향의 이름을 '용녀'龍女로 바꾸도록 하였다. 용이 인간으로 환생을 한 여인이거나, 아니면 용의 신통력을 가진 여인이란 의미일 것이다. 사람들은 원향을 '용녀'라 부르기도 하고, 용녀부인龍女夫人이라고도 불렀다. 용녀부인은 이제 상징적인 존재가 되었다. 승려 여환의 아내가 아니라 전체 혁명조직의 수장으로 거듭나고 있었다.

계화는 용녀에게 장군의 복식을 입게 하였다. 조직의 참모 역할을 하는 계화는 용녀를 위한 특별한 문서를 만들었다. 그리고 사람들에게 이르기를, "비록 성인이 있더라도 반드시 장검長劍과 관대冠帶가 있어야 하니, 제자가 되는 자는 마땅히 이런 물품을 준비하여 서로 전파하여 보여야 한다."며 백성들 스스로가 장검과 관대를 준비하게 하였다.

마침내 계화는 용녀에게 장검을 차고 군복을 입게 하였다. 여인의 몸으로 미륵세상 만들기의 우두머리로 성장해나가고 있었다. 계화의 이러한 계획은 황해도 백성들의 마음에 잘 전달되었고, 그들은 기득권의 나라에서 벗어나고자 용녀와 여환을 더욱 적극적으로 따르기 시작했다.

한양으로 진격했지만 끝내 비는 내리지 않았다

상당한 신통력 보여주었던 계화가 여환과 용녀를 자신보다 높이 받들고 있으니, 사람들은 당연히 이들을 더 높은 존재로 믿고, 그의 말을 따르기 시작했다. 따르는 이들 중에는 군인들도 있었다. 훈련도감 포수 오순언 등 5인과 군관 박명순 등을 포섭하였고, 이들은 여환의 혁명에 동참하였다.

여환은 어영청 소속의 군인인 김시동에게 한양으로 진격하고자 하는 의도를 비쳤다. 그리고는 그에게 특별한 주문을 하였다. 여환은 "군장과 복색은 버드나무를 깎거나 베옷을 물들여서라도 준비해야 한다."면서 "성이 비면 훈련원에 모였다가 궁궐에 들어가야 한다."고 하였다.

은밀히 군사들을 모아 혁명을 추진하여 성공하면 조선만이 바뀌는 것이 아니라 "십이제국"^{十二諸國}, 즉 인간세상 전체라는 주장까지 하였다. 자신들의 혁명 성공이 조선이 아닌 그들이 생각하는 모든 나라의 혁명으로 간다고 판단한 것이다. 조선에서 만들어진 평등세상이 전 세계로 나아간다면 정말 꿈같은 세상이 아닌가!

계화는 "7월에 큰 비가 퍼붓듯 내리면 산악이 무너지고 국도^{國都}도 탕진될 것이니, 8월이나 10월에 군사를 일으켜 도성으로 들어가면 대궐 가운데 앉을 수 있다."고 하였다. 계화는 자신을 따르는 십여 명에게 '상경입성'^{上京入城}과 '대수경탕'^{大水傾蕩} 등의 글이 써져 있는 괴서를 유포하게 하였다. 상경하여 서울로 입성한다는 것이고, 큰 비가 내려 한양이 홍수를 만나 도시로서의 기능을 못하게 될 것이라고 한 것이다. 이들은 자신들이 반드시 승리한다는 말을 널리 퍼뜨려 민심을 자신들 편으로 만들어가고자 한 것이다.

그러나 용녀와 여환의 생각은 달랐다. 비록 계화가 영험한 무당이고, 조직의 핵심 참모이기는 하나 실질적인 주장^{主將}은 자신들이었다. 그리고 이들은 너무도 많은 백성들의 한양 진격 요구를 들어주지 않을 수 없었다. 그래서 용녀는 한양으로 몰래 들어가 궁궐을 급습하여 국왕을 죽이고 자신들이 지배하는 미륵세상을 만들고자 추진하였다.

당시 백성들의 삶은 너무도 고통스러웠다. 16~18세기 전 세계를 강타한 소빙하기가 조선에도 밀어닥쳤다. 냉해와 가뭄, 홍수, 전염병이 창궐했다. 경신대기근(1670~1671)과 을병대기근(1695~1696)으로 수많은 백성이 떼죽음을 당했다. 그래서 백성들은 국왕의 무능을 이야기하고 기득권 세력들을 물리치고 진짜 새로운 세상이 오기를 바랐다. 정도령이 나타나 세상을 구해주었으면 하는 바람은 조선 백성들 누구에게나 있었다. 용녀는 이러한 시대의 분위기를 정확히 읽었다.

용녀는 7월 15일에 여환, 황회, 정원태에게 양주 사람 김시동, 최영길, 이원명과 영평 사람 정호명, 이말립, 정만일 등과 함께 각기 군장과 장검 등의 물건을 준비하게 하였다. 이들은 자신들의 소를 팔아 무기를 구입하였다.

그러나 문제는 이 무기를 어떻게 한양 도성 안으로 가지고 가느냐였다. 최소 백여 명 이상의 사람들이 동원되어야 하는데, 이들이 칼과 활을 차고 한양 도성으로 들어갈 수는 없는 일이었다. 숭례문과 돈의문 등 도성의 4대문에 있는 훈련도감의 군사들이 무기를 들고 가는 이들을 막거나 검문할 것이기 때문이다.

그래서 용녀는 꾀를 내었다. 바로 도성 안의 친척이 죽어 장례를 치루기 위해 상여를 가지고 들어간다는 명목을 만든 것이다.

실제 이 계획은 성공하였다. 김시동 등이 상여 안에 무기를 가득 넣고 한양 도성 안으로 들어갈 때 한양 도성의 서쪽 대문인 돈의문 수문장들의 검문은 없었다. 상여 안에 무기를 가지고 들어갈 것이라곤 생각지 못했을 것이다.

안전하게 무기가 들어가고 나서 용녀는 남자의 복식을 하고 한양 도성 안으로 잠입했다. 그리고는 하늘에서 비가 오기를 기다렸다. 용녀는 여환과 함께 사람들에게 7월 15일에 비가 내리면 바로 궁궐을 침범하여 새로운 세상을 만들자고 하였다. 자신이 용녀이기 때문에 용이 하늘로 승천하여 큰 힘을 발휘하기 위해서 반드시 비가 내릴 것이라고 하였다. '용신앙'龍神仰에서 비는 빠질 수 없는 존재였다.

조선 후기 명군으로 평가받는 정조가 태어나던 날에 엄청나게 많은 비가 내리고 하늘에서 수많은 용들이 날아다녔다고《정조실록》'행장'에 기록되어 있다. 그만큼 용신앙이 백성들에게는 중요한 것이었고, 국가 지도자가 되려고 하는 사람들은 치밀하게 용신앙을 만들어 자신을 신격화 하였다. 하다못해 미래의 국왕이 될 정조를 위해서 왕실에서조차 비가 엄청나게 내리고 용이 가득 춤추며 돌아다녔다고 과장된 표현으로 기록하였고, 훗날 정조가 죽고 그의 일생을 정리하는 행장에 엄청나게 내린 비와 날아다니는 용에 대하여 적어 놓았다.

당시 시대의 상황이 이러하였으니 용녀도 자신이 비를 만나 엄청난 힘을 얻어 미륵세상을 만들 것이라면서 혁명 세력들에게 승리를 확신하며 싸우게 하고자 하였다.

그러나, 너무도 안타깝게 비는 내리지 않았다. 이들은 7월 15일 경이면 충분히 비가 내릴 것이라고 생각하였는데, 끝내 비가 내리지 않은 것이다. 이들의 실망이 얼마나 컸을지는 생각하지 않아도 알 수 있다.

용녀와 여환은 일단 작전상 후퇴하기로 했다. 비가 내리지 않는데, 궁궐을 공격하게 할 수는 없었다. 용녀는 하늘을 우러러보며 탄식하기를, "공부가 성취되지 않아 하늘이 아직 응해 주지 않는다." 하였다. 그리고는 용녀와 여환 두 사람이 삼각산三角山(북한산)에 올라가 경문經文을 외며 하늘에 빌어 대사大事를 이루어 주기를 기원하였다. 이는 실제 그들의 도력이 하늘을 움직일 수 있다고 판단한 것보다 자신과 함께하는 혁명조직을 다독이기 위해서였다.

그러나 혁명은 한번 실패하면 다시 성공하기 어려운 법이다. 왜냐하면 조직원 내부에서 혁명 실패에 대한 두려움으로 은밀히 국가권력에 밀고하는 경우가 있고, 또 하나는 은밀한 행동이 소문이 나서 발각되는 경우가 있다.

혁명의 실패와 용녀의 계승자 '개혁의 딸'

용녀와 여환의 미륵세상 만들기 실패는 조직원 내부의 밀고는 아니었다. 너무도 큰 기대를 걸었던 혁명 참여세력들의 탄식 때문이었을 것이다. 이들은 용녀와 여환이 삼각산에서 경문을 읽으며 기도를 드리는 동안 주막집에서 술을 한잔했는지 모른다. 이들이 한탄하며 떠드는 소리가 양주관아에 들어가게 되었다.

용녀의 혁명에 대한 내용이 국왕과 의금부에 보고된 것은 1688년(숙종 14년) 7월 27일의 일이다. 사건의 최초 보고자는 양주 목사 최규서였다. 최규서는 이보다 앞선 7월 18일, 양주 청송면 다탄 근처에서 '성인의 영'聖人之靈을 칭하며 도당을 모으는 묘망한 사람이 있다는 삭녕 군수 이세필의 보고를 받았다.

그래서 최규서가 조사해 보니 '성인의 영'이 내렸다고 하며 백성들을 모으고 있었던 것은 수 명의 무녀들이었다. 또한 그 배후에는 영평의 지사地師 황회와 생불生佛이라 불리는 여환, 용녀부인이라 불리는 그 아내 원향이 있었다. 이들이 돈을 모아 군복과 전립, 장검 등의 무기를 샀다는 정보가 입수되었다.

최규서는 양주에서의 정보를 입수하고, 이들의 역모 사실을 의금부에 알렸다. 용녀와 여환을 기다리던 나머지 사람들은 의금부 관원들의 급습에 속수무책으로 당하고 말았다. 그리고는 모두 체포되었다. 결국 이들의 미륵세상 만들기 혁명은 실패로 끝났다. 그리고 끝내 용녀와 여환은 8월 1일 군기시 앞 사형장에서 능지처참의 형벌을 받아 혁명의 꿈을 이루지 못하고 세상과 하직했다.

용녀는 조선시대 여인 중에서 가장 특별한 죽음을 맞이했다. 아무리 대역죄인이라 하더라도 여인들이 능지처형을 받아 사지가 갈가리 찢겨 죽는 경우는 없었다. 사약을 받고 죽거나 아니면 목이 졸려 죽는 형벌은 있었다. 하지만 숙종은 얼마나 분노하였는지 능지처형만 전담하는 군기시 앞 형장에서 능지처형으로 죽게 하였다. 이는 용녀의 봉건사회에 대한 항거가 전대미문의 항거였다는 것을 상징적으로 보여주는 것이다.

용녀는 형장에 나와서도 당당하게 혁명의 정당성을 이야기했다. 혁명에 함께 참여했던 남성들이 두려움에 떨거나 목숨을 구걸할 때 용녀는 당당하게 미륵세상 만들기를 역설했다. 참으로 대단한 여인이 아닐 수 없다.

아마도 당시 국문을 하던 좌의정 조사석과 의금부사 그리고 각 군영의 대장들은 모두 충격과 알 수 없는 두려움에 떨었을 것이다. 사건 전말에 대하여 보고를 받은 숙종 역시도 백성들의 무서움에 몸서리를 쳤을 것이다.

가만히 우리 역사 5천년을 되돌아본다. 우리들이 역사 속의 여인들에 대해 어떤 생각과 평가를 하고 있을까? 신사임당, 이사주당, 빙허각 이씨, 남명 조식의 어머니, 한석봉의 어머니 등등 모두 남편에게 순종하고 자식들 공부 잘 시키는 어머니, 남존여비의 이념에 충실하고 이것이 맞는 것이라고 순응하면서 살아온 여인들이다. 우리는 역사 속에서 이런 여인들이 참다운 여인이라고 하는 것이다. 그래서 오늘날 한국은행에서 발행하는 최고가 화폐의 역사 인물이 바로 신시임당이 아닌가!

그런데 350여 년 전 여인의 몸으로 잘못된 봉건왕조 체제를 무너뜨리고 백성들 모두가 평등한 나라를 만들겠다고 군복을 입고 전립을 쓰고 칼을 든 여인 용녀는 진짜 세계적인 혁명가이다. 로자 룩셈부르크도 이 용녀 앞에서는 감히 얼굴을 내놓을 수 없을 정도이다.

우리가 꿈꾸는 이상사회를 먼저 꿈꾸고 반드시 만들고자 했던 용녀! 이 여인을 이제야 기억하는 것이 참으로 부끄럽다. 용녀는 혁명에 실패하였지만, 용녀의 후예들인 개혁의 딸들은 반드시 검찰과 재벌 그리고 오랜 친미, 친일 기득권과 싸워 승리할 것이다.

허난설헌 :
여선^{女仙}으로 자처하며 시대에 저항하다

자신의 불우한 삶을 '삼한'^{三恨}이라고 한 여인이 있다. 즉 첫째는 작은 나라에 태어난 것, 둘째는 남자가 아닌 여자로 태어난 것, 셋째는 능력과 인품을 제대로 갖춘 남편을 만나지 못한 것이 '한'^恨이라는 것이다.

자신의 재능을 제대로 펼치지 못하는 작은 나라인 조선에서 태어난 것이 한이고, 여성이라서 일을 하고 싶어도 할 수 없어 그저 한 가정의 아내요, 며느리요, 어머니로서의 역할밖에 할 수 없는 여인으로 태어난 것이 한이고, 아내를 사랑하지도 존중하지도 않고 오로지 다른 여인과 바람만 피는 무능한 남편을 둔 한이 있다는 것이다.

이렇게 '남존여비'^{男尊女卑}의 사회적 질서를 거부하다 끝내 그 거대한 벽을 넘어서지 못하고 스스로 생을 마감한 불우한 여인이 바로 '허난설헌'許蘭雪軒이다.

조선은 남자들의 세상이었다. 똑똑한 여인들은 세상에서 내쳐졌다. 암탉이 울면 집안이 망한다는 소리가 조선시대 내내 사회에 가득했다. 잘못된 판단을 하는 남편에게 바른 것을 알려주는 아내를 깊이 존중해야 마땅한데, 조선 사회는 이를 받아들이지 않았다.

조선의 여인들은 이름을 가질 수 없었고, 특히 '호'號를 갖는 것은 매우 드문 일이었다. 특히 스스로가 지은 '자호'自號를 가진 여인은 조선 500여 년 동안 10여 명 정도 될 것이다. 우리가 알고 있는 '현모양처'의 대명사인 산사임당申師任堂이나 최초의 여성 실학자라 불리는 빙허각 이씨憑虛閣李氏 등 호를 가진 여인은 얼마 되지 않는다.

그럼에도 호를 가진 여인들이 모두 남성의 세계로부터 독립하고 여성 스스로의 존재에 대한 대우를 받아야 한다고 생각하지는 않았다. 율곡의 어머니 신사임당은 파주 시댁으로 와서 대문 밖으로 나간 적이 없다고 스스로 밝히듯이 조선 여인으로서의 삶에 철저했다. 빙허각 이씨 역시 시아버지 서호수를 극진히 모시고, 남편 서유본에 최선을 다하였다. 《규합총서》라는 책을 저술하여 여성 실학자라는 이름을 부여받고 있지만, 그녀 역시 조선시대 사대부가의 여인으로 삶을 살았다.

그러나 조선 사회에서 태어나고, 여성으로 태어난 것이 한스럽다고 이야기한 허난설헌은 그렇지 않았다. 남존여비 시대의 조선에서 가장 강하게 저항하다가 끝내 성공하지 못하고 복숭아꽃 환하게 핀 봄날 스스로 생을 마감한 것이다.

교육을 받았지만 불행한 아내 허난설헌

허난설헌은 1563년(명종 18년) 강원도 강릉에서 태어났다. 그곳은 저 유명한 이율곡의 어머니 신사임당이 태어나 자란 곳이다. 그녀의 아버지는 허엽許曄이란 인물로, 호가 초당草堂이다. 오늘날 유명한 초당두부의 원조가 된다. 허엽이 강릉의 초당에 살았고, 그곳에서 바닷물을 이용하여 두부를 만들었다. 허엽은 조선 초기 대학자인 화담 서경덕과 퇴계 이황의 학통을 이어받은 인물로, 당대 사회에서 가장 능력 있는 정치가 중 한 명이었다.

허엽은 세상 사람들이 이야기하는 천재성이 있는 자식들을 낳았다. 장남은 성筬, 차남은 봉篈, 셋째 아들 균筠이었다. 《홍길동전》을 저술한 대문장가 허균이 바로 그녀의 아우였다. 난설헌의 이름은 초희楚姬라 했는데, 천재로 소문난 오빠들과 동생 사이에서 자라다가, 언제부턴가 오빠들과 동생과 함께 한학 공부를 시작하였다.

그녀는 천재의 자질과 유달리 아름다운 용모를 타고났다. 그래서 어려서부터 지역의 양반들과 한양 도성의 사대부들이 그녀의 아름다운 용모를 보고 싶어 하였다. 어린 나이부터 시를 잘 지어 '여신동'이라고 불리기도 하였다.

남녀 차별이 심한 봉건제에서는 여자에게는 공부를 가르칠 필요가 없다고 하는 것이 일반적이었다. 그러나 그녀의 아버지 허엽은 그렇게 생각하지 않았다. 허엽은 세 아들과 하나뿐인 외동딸 난설헌에게 똑같이 학문을 가르치고, 시를 짓게 하였다. 그 이유는 난설헌이 오빠들 어깨너머로 한자를 배웠는데, 한번 익힌 것은 결코 잊지 않았고 어려운 한학 서적을 거침없이 읽어내는 것을 보았기 때문이다.

허엽은 당대 최고의 학자이자 시인이라고 알려진 이달李達을 자식들의 스승으로 삼았다. 이는 참으로 파격이었다. 양천허씨 명문 가문에서 매우 특별한 사람을 모셔왔기 때문이다. 이달은 서자였다. 아무리 학문적 능력이 있다 하더라도 서자를 명문거족 자제들의 스승으로 삼는 경우는 거의 없다. 이것만 보더라도 허엽이 통이 큰 사람임을 알 수 있다.

이달은 양반의 혈통을 받았으나 어머니가 기생 출신 첩이어서 서자로 살았다. 이로 인해 그는 낮은 벼슬을 얻었다가 내팽개치고 방랑 생활로 나날을 보냈다. 그는 가는 곳마다 술을 마시고 시를 토해냈다. 이렇게 하여 그의 시명詩名은 당대에 널리 알려져 있었다. 이런 이달에게서 허엽의 자식들이 시를 배웠던 것이다. 특히 허균이 서자인 홍길동을 주인공으로 하여 소설을 쓴 것은 이

달에게 배운 영향이 크다고 할 수 있다.

이달의 교육 때문에 난설헌은 어린 시절부터 천재성을 보이며 뛰어난 시를 짓기 시작했다. 겨우 일곱 살밖에 안 된 어린 소녀가 〈광한전廣寒殿(선녀가 살고 있다는 상상 속의 달세계의 궁전) 백옥루白玉樓(상상 속의 천제天帝가 사는 궁전) 상량문上樑文〉을 썼다. 이 훌륭한 문장을 읽은 어른들은 크게 놀라며 여신동이 나타났다고 칭찬하였다.

그녀는 17살에 안동김씨 명문 양반 가문의 김성립에게 시집을 갔다. 이 집안은 6대가 과거에 합격할 정도로 대단한 집안이었다. 그녀의 남편 김성립은 나중에 과거에 합격하여 조정에 근무하였는데, 별로 유능하지 않았는지 그리 높은 지위에는 오르지 못하였다. 하지만 임진왜란 때 의병을 일으켜 싸우다가 전사한 인물이니 그리 하찮게 취급할 사람은 아니다.

다만 난설헌의 동생인 허균의 글에 보면 남편과 시어머니가 난설헌을 이해하거나 배려하지 않은 것은 분명하다. 난설헌이 어린 자식 두 명을 잃었을 때도 김성립은 집에 와서 아내를 위로해주지 않고 과거공부한다고 한강 가에 집을 짓고 공부만 하였다. 이것은 아무리 조선 사회라 하더라도 남편으로서 올바른 처신은 아니었다. 이러한 행동을 볼 때 그는 아내를 사랑하지 않은 것이다.

그 이유는 아내인 난설헌이 자신보다 학문적 능력이 월등히 뛰어나고 세상 사람들이 아내와 비교하여 핀잔을 주었기 때문이다. 자신의 아들이 며느리만 못하다는 소리를 들은 시어머니 또한 며느리에게 잘해줄 리는 전혀 없었을 것이다. 그래서 시어머니역시 며느리를 가혹하게 구박하였던 듯하다. 집안일은 적당하게하고 언제나 책상에 매달려 책을 읽거나 시를 짓기도 하는 며느리가 마땅치 않았을 것이다.

특히 남편 김성립은 친구들과 공부를 한다고 하면서 기생집에 가서 여인들과 밤을 새우기가 일쑤였다. 난설헌의 용모가 한양에서 제일가는 미모라고 소문이 났지만 아내보다는 다른 여인에더 관심이 많았다. 난설헌은 이러한 부부 관계에 대한 슬픔이 있었다. 그래서 이를 시로 표현하였다.

다른 여인에게는 주지 마셔요!

내게 아름다운 비단 한 필이 있어^{我有一端綺}

먼지를 털어내면 맑은 윤이 났었죠.^{拂拭光凌亂}

봉황새 한 쌍이 마주보며 수놓여 있어^{對織雙鳳凰}

반짝이는 그 무늬가 정말 눈부셨지요.^{文章何燦爛}

여러 해 장롱 속에 간직하다가^{幾年篋中藏}

오늘 아침 님에게 정표로 드립니다.^{今朝持贈郞}

님의 바지 짓는 거야 아깝지 않지만^{不惜作君袴}

다른 여인 치맛감으로는 주지 마셔요.莫作他人裳

정갈하고 보배스런 순금으로精金凝寶氣

반달모양 노리개를 만들었지요.鏤作半月光

시집올 때 시부모님이 주신 거라서嫁時舅姑贈

다홍 비단 치마에 매고 다녔죠.繫在紅羅裳

오늘 길 떠나시는 님에게 드리오니今日贈君行

서방님 증표로 차고 다니세요.願君爲雜佩

길가에 버리셔도 아깝지는 않지만不惜棄道上

새 여인 허리띠에만은 달아 주지 마셔요.莫結新人帶

참으로 슬픈 시가 아닐 수 없다. 아니 참으로 슬픈 그녀의 마음이 아닐 수 없다. 너무나 뛰어나다는 이유로 남편으로부터 사랑받지 못한 한 여인의 비애가 이 시에 그대로 담겨 있다. 그녀는 불행한 결혼 생활을 강요당했던 만큼, 친정의 고상하고 지성적인 분위기와 따스하게 감싸주던 친정 식구들을 더욱 그리워하게 되었다.

그러나, 그녀의 친정은 차츰 불행을 겪게 되었다. 수재인 그녀의 오빠들은 과거에 합격하여 각자 요직에 올랐지만, 정적들의 시샘을 받아 수시로 궁지에 몰렸다. 그녀의 아버지는 상주에서 객사했고, 이어 오라버니 허봉은 율곡 이이의 잘못을 들어 탄핵했다가 갑산으로 귀양을 갔다. 허봉은 2년 뒤 풀려나 백운산, 금강산

등지로 방랑 생활을 하며 술로 세월을 보냈다. 그러다 병이 들어 서울로 돌아오다가 금화 생창역에서 아버지처럼 객사하고 말았다. 자신을 감싸주던 가족들의 잇따른 죽음으로 그녀는 더욱 고통스런 삶에 빠지게 되었다.

가난한 이들을 생각하는 시인, 국제적인 명사가 되다

난설헌은 이 암울한 현실을 초월해야만 했다. 여인으로 살아가면서 바늘방석 같은 시집살이였는지도 모르지만, 그녀는 아내로서 며느리로서 최선을 다하였던 듯하다. 그녀는 고되고 쓸쓸한 생활을 수없이 글로 썼다.

그러나 그녀는 결코 고독만을 한탄하고 있지는 않았다. 그녀는 세상 여인들의 여러 가지의 고충을 동정하고, 특히 가난한 집에서 태어난다는 이유로 학대받고 굶주림에 울어야 하는 사람들의 비애와 분노를 자신의 고통으로 여기고 노래하고 있다.

감우感遇-하늘의 이치를 벗어나기는 어려워라

동쪽 집 세도가 불길처럼 드세던 날東家勢炎火

드높은 다락에선 풍악소리 울렸지만,高樓歌管起

북쪽 이웃들은 가난해 헐벗으며北隣貧無衣

주린 배를 안고서 오두막에 쓰러졌네.^{枵腹蓬門裏}

그러다 하루아침에 집안이 기울어-^{朝高樓傾}

도리어 북쪽 이웃들을 부러워하니,^{反羨北隣子}

흥하고 망하는 거야 바뀌고 또 바뀌어^{盛衰各遞代}

하늘의 이치를 벗어나기는 어려워라.^{難可逃天理}

그녀는 가난한 사람들에 대한 동정심을 노래하였을 뿐만 아니라, 사회의 불합리와 신분 차별에 대해서도 날카롭게 주시하고 있었다. 또한 그녀는 국가의 운명을 염려하는 백성의 목소리에 귀를 기울이고, 국토방위를 위한 공사에 동원된 서민들의 애국심을 노래하였다. 그녀는 생각하고 느끼고 모든 것을 마치 일과처럼 시로 쓰려고 하였다. 그렇게 쓴 시고^{詩稿}는 커다란 장롱 안에 가득 찼다고 한다.

아내이자 며느리로서 항상 고독하였던 그녀는 1589년 겨우 27살의 젊은 나이로 세상을 떠났다. 숨을 거두기에 앞서 그녀는 생명을 불태우듯이 써 왔던 시고^{詩稿}를 전부 태워버리라는 말을 남겼다고 한다. 그 유언대로 그녀가 죽자 그 주옥같은 시들은 모두 불태워졌다. 물론 시댁 사람들이 한 일이지만, 통탄스럽기 짝이 없는 일이다. 다만 다행인 것은 그녀가 친정에 남겼던 시고가 그녀의 동생인 허균에 의해서 소중하게 보관되고 있었다.

그녀가 세상을 뜨고 17년이 지난 1606년, 그녀는 우연히 일약 국제적인 존재가 되었다. 때마침 그해 조선에 온 명나라 사신 주지번朱之蕃과 부사 양유년梁有年이 시작詩作을 좋아하여 허균과 친교를 맺고 있었다. 어느 날 두 사람은 허균이 보여준 그녀의 유고遺稿를 보고 그 훌륭한 시에 경탄하였다. 주지번은 허균에게 부탁하여 허균이 준 허난설헌의 시고를 명나라에 가져가 조선의 여류 시인 《허난설헌집》을 발간하였다. 주지번은 "그녀의 시는 주옥같다."고 하였고, 부사인 양유년 역시 "이 시는 매우 아름다워 중국의 역대 시집 가운데서도 두드러 진다고 할 수 있다."고 하였다.

그 시집은 명나라 도처에서 크게 환영받아 각지에서 시집의 주문이 쇄도하여 시집을 엄청나게 간행하였다. 시집을 인쇄하느라 조선의 종이가 중국까지 공급되었다고 하니 난설헌의 시집이 중국 사회에 얼마나 호평을 받았는지 알 수 있다. 특히 명나라의 유명한 문인 조문기趙文奇는 그녀가 일곱 살 때 쓴 〈광한전 백옥루 상량문〉廣寒殿 白玉樓 上樑文을 읽고 절찬하였다. "이 문장을 읽으니 흡사 신선이 되어 백옥루에 올라 있는 느낌이 들었다."

명나라에서 그녀의 시집이 대단한 평판을 받자 곧 조선에 역수입되었지만, 허균이 1618년 반역죄로 처형되는 사건이 일어나자 그녀의 시집도 그대로 매장되고 말았다. 그리고 1692년이 되어서야 다시 조선에서 그녀의 시집이 출판되었다. 그것은 명나라에서 출판된 것과 같은 것이었다. 무역을 위해 부산을 왕래하던 일본의 사신과 상인들도 이 시집을 일본에 가지고 가서, 1711년 간행되어 일본에서도 널리 애독되었다.

이렇게 국제적인 각광을 받은 그녀의 시는 16세기 조선을 대표하는 시인의 한 사람으로서 우리 문학사에 빛나는 존재가 되었다. 그러나 그녀의 시고가 대부분 불타 버린 것은 아무리 생각해도 유감스러운 일이 아닐 수 없다.

허난설헌의 마지막 저항

남편 김성립과 금슬이 좋지 않았던 그녀는 자식을 먼저 저승에 보낸 비련의 어머니가 되었다. 자신의 몸에서 태어난 아이들과 함께 행복한 삶을 꿈꾸었던 그녀는 자식들의 죽음으로 더욱 비극의 여인이 되었다.

곡자哭子 - 아들을 여의고 우노라

지난 해 사랑하는 딸을 잃었고, 去年喪愛女

올해에는 사랑하는 아들을 잃었네. 今年喪愛子

슬프고 슬픈 광릉 땅이여, 哀哀廣陵土

두 무덤이 마주 보고 있구나. 雙墳相對起

백양나무에는 으스스 바람이 일어나고, 蕭蕭白楊風

도깨비불은 숲속에서 번쩍인다. 鬼火明松楸

지전으로 너의 혼을 부르고, 紙錢招汝魂

너희 무덤에 술잔을 따르네. 玄酒存汝丘

아아, 너희들 남매의 혼은 應知第兄魂

밤마다 정겹게 어울려 놀으리. 夜夜相追遊

비록 뱃속에 아기가 있다 한들 縱有服中孩

어찌 그것이 자라기를 바라리오. 安可冀長成

황대 노래를 부질없이 부르며 浪吟黃坮詞

피눈물로 울다가 목이 메이도다. 血泣悲吞聲

　이 얼마나 애절한 눈물 어린 시인가! 그녀가 '여선'女仙으로 자처하는 모습보다 어머니로서 피눈물로 우는 모습에 더욱 가슴이 아프다. 당대 최고의 여류 시인이었지만 여성이라는 이유만으로 나라와 사회를 위해 재능을 펼칠 수 없었던 한 여인이 자식마저 잃고 피눈물로 울다가 목이 메는 비극의 존재가 되었다. 남존여비를 극복하고 자신의 재능을 펼치고자 시를 통해 저항을 하였지만, 조선 사회의 강고한 벽은 넘을 수가 없었다.

　결국 그녀는 27살 봄날에 이 한 수의 시를 남겨 놓고, 깨끗이 목욕을 한 후 자신이 만든 선녀 옷을 입고 방안에 누워 호흡을 끊어 스스로의 생을 마감했다. 이것이 그녀의 마지막 저항이었다.

금년이 바로 3·9수에 해당되니 今年乃三九之數

오늘 연꽃이 서리에 맞아 붉게 되었다.今日霜墮紅

허난설헌의 죽음은 겉으로는 자살이지만 진실은 사회적 타살이다. 기득권들은 자유 의지를 갖고 새로운 사회를 꿈꾸는 여인들을 용납하지 않는다. 여인들이 나서게 되면 기존 질서가 어지러워지고, 신분 사회의 붕괴가 시작될 수 있기 때문이다.

여성이 세상의 중심으로 변하는 것이 어찌 보면 후천개벽의 모습이다. 그것이 곧 역사의 발전이기도 하다. 이제 여성들이 기득권들이 가지고 있는 힘을 고루 나누어 세상 사람들이 함께 갖는 세상 만들기에 적극 나서야 할 것이다. 그것이 허난설헌의 저항을 계승하는 것이다.

고대수 :
갑신정변에 참여한 혁명 궁녀

　　1884년 12월 4일(음력 10월 17일) 늦은 밤 9시에 연회가 한창인 우정총국 옆 민가에서 불길이 치솟았다. 초가지붕에 난 불은 옆집으로 옮겨 붙으며 대규모 화재로 번지기 직전이었다. 근대 우편제도를 새로 실시하는 것을 기념하기 위해 종로 거리에 우정총국을 건립하고 그 날 기념행사와 연회를 하던 조정 대신들은 갑작스러운 상황에 혼란을 느꼈다.

　　연회의 주관자인 홍영식은 안절부절못하는 얼굴이었고, 홍영식과 함께 개화파의 일원이었던 김옥균은 연회 내내 들락날락 하였다. 김옥균의 이상한 행동에 수상함을 느낌 민영익은 분명 무슨 일이 벌어질 것으로 생각하고 연회장을 나왔다가 자객의 칼을 맞고 연회장으로 도피하였다. 온몸을 칼로 난자당해 피로 뒤범벅이 된 민영익을 보고 조정 대신들과 연회를 축하하기 위해 온 외국 공사 그리고 외국 선교사들은 모두 혼비백산하여 도망하기 시작했다.

잠시 후 멀리서 폭음이 들렸다. 그 폭음이 어디서 나는 소리인지 연회 참가자들은 대략 짐작할 수 있었다. 바로 동궐東闕인 창경궁이었다. 국왕이 거처하고 있는 동궐에서의 폭음 소리에 모두 긴장하기 시작했다. 그리고는 본능적으로 느꼈다. 그들은 누가 뭐라고 하지 않았지만 동시에 생각했다. 역모가 발생했다고.

갑신년甲申年 혁명이 될 뻔한 정변政變이 시작된 것이다. 이를 일러 '갑신정변'이라 한다.

고대수, 갑신정변에 뛰어들다

'갑신정변'을 역사적으로 평가할 때 '위로부터의 개혁'이라고 이야기한다. 그리고 김옥균 등 정변의 주체들이 일본과 연대하여 친일적 행위가 있어서 실패하였다고 한다. 둘 다 맞는 말이다.

갑신정변이 나름 젊은 사대부 정치인들을 중심으로 위로부터의 개혁을 통해 조선을 변화시키고 근대화의 길로 가고자 한 것은 사실이다. 그러나 젊은 사대부 관료들이 생각하지 못한 것이 있었다. 그것은 바로 백성들이었다.

당시 고종과 민왕후가 청나라와 깊은 관계를 맺고 있었기 때문에 김옥균 등의 세력들이 정변을 통해 권력을 장악하고자 하였을 때 청나라 군대가 개입할 수 있다는 생각을 했다. 하지만 백성들이 들고 일어나 김옥균 등의 개혁당 세력을 공격하고 반대할 것이라고는 생각하지 못했다.

이들은 자신들이 하는 행위가 나라를 위한 일이라고 생각했다. 따라서 백성들의 반대가 있을 것이라고는 생각하지 못했다. 이것이 바로 갑신정변의 실패 원인이라고 생각한다.

당시 백성들은 정변의 주체 세력들의 대부분이 귀족들이라고 생각했다. 그리고 이 귀족들이 상당한 친일파라고 생각했다. 백성들은 조선 건국 이후부터 왜구들의 침입으로 일본이라면 치를 떨고 있었다. 더구나 1876년 강화도조약으로 일본의 조선에 대한 강압이 시작되면서 일본에 대한 적개심은 더욱 높아졌다. 이런 현실에서 친일파들이 권력을 잡겠다고 정변을 일으켰다고 생각한 백성들은 정변 주체자들을 공격하게 된 것이다.

실제 갑신정변은 일본 공사의 은밀한 지원과 일본 본토 정한론자征韓論者들의 지원이 있었다. 일본은 조선의 젊은 귀족들이 쿠데타를 통해 권력을 장악하게 해서 근대화란 이름으로 조선의 개혁을 추진하고자 했다. 그러면서 오랫동안 조선에 대해 종주국 행세를 해오던 청나라의 자리를 일본이 꿰차려 했던 것이다. 그러니 백성들이 아무리 김옥균이 훌륭하고, 박영효가 철종의 부마이고, 홍영식이 명문거족의 자제였다 하더라도 인정할 수 없었다.

그럼에도 불구하고 정변의 참여자 중에서 일본과 전혀 친하지도 않고, 조정의 고위 관료도 아니고, 명문거족의 자제도 아니고, 더군다나 남자도 아닌 여인의 몸으로 이 엄청난 거사에 참여한 이가 있었다. 그것도 왕비의 밀접 경호원 역할을 맡았던 궁녀가 말이다. 이 궁녀가 바로 고대수顧大嫂라는 별칭으로 불린 궁녀이우석李禹石이다.

기괴한 고대수, 궁궐이 액막이가 되다

이우석, 즉 고대수는 몸집이 아주 대단했다. 김옥균의《갑신일록》에는 엄청난 거구의 여인으로 소개되고 있다. 아마도 2m가넘는 장신이었을 것이다. 당시 조선 남성들의 평균 신장이 대략 5척尺으로, 요즘으로 치면 150cm 정도이다. 그러니 당대 사회에서이우석은 엄청난 거구였다. 단지 키만 큰 것이 아니라 몸집도 상당했다. 몸무게는 정확히 알 수 없지만 아마도 150kg 이상이 되었을 것이다. 엄청난 거구에다 힘도 장사였다. 남성들 4~5명은 거뜬히 해치울 수 있었다. 이런 정도의 여인은 당시 존재하기 힘들었다. 심하게 이야기하자면 괴물과도 같았다. 그래서 이우석(고대수)은 어린 시절부터 괴물 취급을 받았다.

이우석은 갑신정변이 일어날 때 42세라고 하였다. 김옥균의증언이다. 그렇다면 1843년생이다. 당시 나이 42세면 한창 장년의나이이다. 조선의 평균 수명이 39세이니 이우석은 평균 나이보다 조금 더 산 편이다. 그러니 그녀는 삶에 그다지 연연하지 않았을지도 모른다.

그녀는 오로지 자신의 삶이 타인들에 의해 괴물로 취급받지 않고, 누군가에 의해 지배되는 세상에서 벗어나고 싶었을 것이다. 그래서 그녀가 왕비를 모시는 호위 궁녀였음에도 왕조를 뒤집으려 하는 거사에 참여한 것이다.

고대수가 어느 지역 출신인지는 기록에 없기 때문에 알 수 없다. 다만 태어날 때부터 컸다고 하니 그녀는 어린 시절에도 유달리 몸집이 컸을 것이다. 이렇게 큰 아이들은 일반적으로 관아에 보고가 되고, 관아는 각 도의 감영으로 보고하고, 다시 관찰사가 있는 감영에서는 조정에 보고를 한다.

타고난 힘을 갖고 있는 어린 남자아이들이 존재하면 반드시 한양의 조정까지 보고가 된다. 그래서 조정에서는 혹시라도 그 아이가 성장하여 역모라도 일으키지 않을까 하여 군사들을 보내 소년 장사의 발목을 꺾거나, 다리를 분질러 불구로 만든다.

이런 일 때문에 옛날 설화에 '아기 장수'의 슬픈 이야기가 많다. 어깻죽지에 날개가 있는 아기장수들은 모두가 한양에서 내려온 군사들에 의해 허리가 꺾여 죽었다는 것이다. 뛰어난 힘을 가진 장수들을 키우는 것이 아니라 조금이라도 힘이 있으면 무조건 죽이거나 불구로 만들어 자신들에게 대항하지 못하게 하는 것이 조선의 사대부이고 기득권들이었다. 그러니 임진왜란이 일어나고 병자호란이 일어난 것이다. 수많은 왜구의 침입에 제대로 대응도 하지 못한 건 다 기득권들이 자기 권력을 유지하기 위한 비겁하고 못난 행동을 했기 때문이다.

비범한 남자아이들은 이처럼 가혹하게 처리하였지만 이우석은 다행히 여자아이였기 때문에 죽일 이유가 없었다. 그럼에도 이우석 역시 특이한 신체를 가진 기괴한 모습이었기에 조정에 보고가 되었고, 이우석은 궁중의 액막이로 들어가게 되었다.

보통 이상으로 덩치가 큰 아이가 태어나면 궁궐의 불길한 기운을 막는 액막이로 활용한다는 풍속이 있었다. 때문에 궁중에서 이우석을 액막이로 활용하고자 한 것이다. 이우석은 액막이로 들어갔다가 대궐 안으로 물을 길어 나르는 무수리가 되었다.

무수리 고대수, 민왕후의 호위 궁녀가 되다

일반적으로 무수리는 정식 나인이 아니다. 그래서 한양 도성 안에 사는 유부녀들을 기용하여 물을 길어오게 하였다. 요즘으로 치면 물 긷는 아르바이트를 시키는 것이다. 하루종일 물을 길어 나르는 무수리도 존재하지만, 대다수의 무수리들은 대궐 밖에서 출퇴근을 하였다. 그러나 이우석은 궁안에서 숙식을 해결하는 하급 궁녀로서 무수리 역할을 한 것이다.

이때 이우석은 정신적으로 육체적으로 많은 상처를 받았을 것이다. 무수리는 궁녀 중에서 천민에 해당되는 신분이다. 궁녀가 종9품에서 정5품 상궁까지 여러 직급이 있고, 임금을 모시는 지밀상궁에서부터 빨래를 하는 세답방 궁녀들까지 있지만, 이들 모두는 정식 궁녀였다. 이들 궁녀는 상당한 녹봉을 받으며 재정적 안정을 이룰 수도 있었다.

그러나 무수리는 정식 궁녀도 아니어서 복장도 검은색 옷을 입고, 녹봉도 형편없고 더구나 인격적 모독까지 받는 일이 허다했다. 신체적 이상과 함께 무수리로 손가락질을 받으며 그녀는 꾹 참고 살아야 했다. 당시 궁녀들의 증언에 의하면 이우석이 검은색 무수리 옷을 입고 나타나면 어린 궁녀들이 기겁을 하고 도망갔다고 한다. 이럴 때 이우석의 심정은 어땠을까.

이런 불행한 처지의 이우석에게 '고대수'란 또 다른 이름이 생겼다. '고대수'란 수호지에 나오는 108두령 중 한 명의 이름이다. 무예가 능통하고 힘이 장사인 여자 두령의 이름이 '고대수'였다. 그래서 거구의 이우석을 놀리기 위해 궁녀들이 고대수란 이름을 만들었고, 궁중 안에서 그녀의 이야기는 흥미로운 놀림거리가 되기에 충분했다.

무수리로 일하던 이우석은 뜻밖에 고종의 왕비인 민왕후(훗날 명성황후라 불린다)의 눈에 띄었다. 거구에다 타고난 힘이 있는 이우석을 자신을 호위하는 궁녀로 발탁했다. 늘상 신변의 위협을 느꼈던 민왕후는 자신을 지킬 수 있는 내시와 궁녀가 필요했다. 뛰어난 무예를 갖춘 군인들이 호위할 수 있겠지만 왕후의 은밀한 공간에 남성들을 들일 수는 없었다. 그런 상황에서 엄청난 괴력을 가진 궁녀가 있었으니 더할 나위 없이 좋았던 것이다. 이우석의 새로운 인생이 시작된 것이다.

민왕후의 호위 궁녀로 발탁된 이우석은 이때부터 이우석이란 원래의 이름보다 '고대수'란 별호로 더 많이 불린 듯하다.

자! 이제부터 이우석의 이름을 고대수라 부르자. 고대수는 민왕후의 호위 궁녀가 되고 난 이후 그녀를 정말 열심히 보필했다. 어린 궁녀부터 상궁들에 이르기까지 자신을 멸시하고 조롱하였는데, 민왕후의 호위 궁녀로 전격 발탁되고 당대 최고의 권력자인 왕후 옆에 있는 존재가 되었으니 고대수의 위상은 엄청나게 올라갔다.

고대수의 충성심과 헌신에 민왕후도 총애를 하였다. 그녀에게 어떤 대우를 하였는지 알 수는 없지만 《갑신일록》에 왕비의 총애를 받아 늘 가까이 모시고 있었다고 기록돼 있다. 그런 그녀가 김옥균 등 개화파와 함께 정변政變의 참여자가 된 것이다. 감히 상상할 수 없는 일이다.

아무리 김옥균, 박영효 등이 국왕인 고종을 중심으로 정치를 하겠다고 했지만 사실상 국가의 권력은 정변 주체자들과 일본의 요인들이 가지게 될 것임을 뻔히 아는 고대수가 왜 왕후를 배신하고 정변에 참여하게 되었을까?

고대수, 김옥균과 만나다

김옥균이 고대수를 만난 것은 1874년이다. 갑신정변이 일어나기 10년 전이다. 이때는 개화파들이 서로 간에 동지를 모으는 시기였다. 김옥균이 22세 때인 1872년 2월에 알성문과에 장원급제를 하고, 2년 뒤인 1874년 2월에 홍문관 교리로 임명되었다. 이때 처음으로 조정에 나간 신진 관료 김옥균은 궁중 안에 있는 사람들과 인연을 맺으려는 시도를 하기 시작했다.

김옥균은 당대 영향력이 아직도 남아있던 안동김씨 김병기의 양자로 들어가 장차 조정의 기대주로 떠올랐다. 어려서부터 신동이란 소리를 들었기 때문에 고종의 총애도 대단했다. 일찍이 일본에 유학을 하고 와서 신문물에 대한 관심도 높았다. 그가 일본에서 만난 후쿠자와 유키치는 동양평화론을 이야기하지만 실제는 정한론자였다. 그는 김옥균을 유심히 보고 김옥균이 장차 조선의 중심인물이 될 것이라 확신했다. 그래서 그에게 개화를 통해 새로운 세상을 만들 것을 역설하였고, 김옥균은 그 말에 감동받았다. 이때부터 김옥균은 일본에 대한 동경과 친일의 길로 나가게 된 것이다.

김옥균이 조선으로 돌아와 개화파들과 만나는 과정에서 국왕과 왕비에 대한 정보가 필요했다. 요즘 같으면 도청으로 해결할 수 있겠지만 당시엔 도청기를 설치하는 일은 상상할 수 없는 일이었다. 대신 국왕과 왕비의 일거수일투족을 알 수 있는 사람을 포섭하는 것이 필요했다. 이때 김옥균의 눈에 들어온 사람이 바로 고대수였다.

김옥균이 고대수에게 어떻게 접근해서 그녀를 자기편으로 끌어들였는지는 알 수 없다. 그러나 충분히 짐작할 수 있다. 자신보다 열 살 가까이 많은 거구의 여인에게 김옥균은 환한 미소와 자상한 얼굴 그리고 부드러운 목소리로 대화를 나누었을 것이다. 어느 남성 관료에게서노 제대로 된 대우를 받아보지 못했던 고대수가 장차 나라를 이끌어갈 젊은 관료인 김옥균에게 사람으로 대우를 받으니 단숨에 넘어갈 수밖에 없었을 것이다.

이때부터 고대수는 개화당과 함께하기로 하고 국왕과 왕비의 비밀스런 대화를 김옥균에게 알려주기 시작했다. 김옥균은 여기에 더해 고대수에게 일본에서 가져온 화약을 비밀리에 주었다. 정변을 일으키는 날 사용하기 위해서였다. 진짜 세계 첩보사에 남을 특별한 공작원이 탄생한 것이다.

당시 고종은 매우 특이한 생활습관을 가지고 있었다. 그것은 낮과 밤이 바뀐 생활을 하는 것이다. 낮에는 잠을 자고 해가 지면 일어나 밤에 일을 했다. 그래서 조정의 관료들도 모두 밤에 출근을 하고 낮에는 집에서 잠을 자야 했다.

고종은 특히 밤에 하는 연회를 좋아했다. 밤새 불을 켜고 술을 마시는 연회를 즐기는 일도 잦았다. 그래서 연회 비용을 마련하기 위해 매관매직을 하는 경우도 많았다. 고종과 민왕후의 부정부패에 대하여 《매천야록》의 저자 황현은 상당한 비판을 가하기도 했다.

중요한 것은 고종이 밤에 눈을 멀쩡하게 뜨고 일을 한다는 것이다. 김옥균과 함께 정변을 준비하는 이들은 낮에 거사를 치를 수 없다고 판단했다. 대낮에 국왕은 잠을 자고 있지만 대부분의 궁중 관료와 군인들 그리고 백성들은 모두 낮에 궁궐 안에서 정상적인 업무를 하고 있기에 환한 대낮에 정변을 일으킬 수는 없는 일이었다.

김옥균은 반드시 밤에 새로 건립한 우정국에 불을 질러 고종과 왕후가 창덕궁이 위험한 것으로 판단하게 하여 창덕궁 옆 작은 별궁인 경우궁으로 가게 해야 했다. 그러기 위해선 동궐인 창덕궁과 함께 있는 창경궁 안의 통명전에서 화약을 폭발시켜야 했다. 통명전은 원래 정조의 어머니인 혜경궁 홍씨의 거처였으나 그녀가 죽은 이후 왕비나 세자빈이 거의 가지 않았다. 따라서 통명전은 고종 시대 내내 비어 있었다. 김옥균은 그곳에 고대수로 하여금 폭탄을 설치하여 폭발시키고자 한 것이다.

그런데 밤에 일하는 고종으로 인해 조정 관료들이 모두 밤에 경복궁에 정상적으로 출근하여 업무를 하고 있으니 창경궁 안에 화약을 터뜨릴 수 없는 상황이었다. 무조건 고종이 일찍 잠을 자서 관료들이 퇴근을 하게 해야 하고, 이때 우정국을 폭발시켜 나라에 큰 변고가 있는 것처럼 해야 했다.

그래서 김옥균은 묘안을 찾기 시작했다. 그 과정에서 환관 모군某君이 좋은 꾀를 내었다. 《갑신일록》에 의하면 고종이 거사 당일만 초저녁에 잠이 들게 하는 좋은 계책을 모군이 내었다고 했다. 환관 모군은 승정원에 쌓아둔 문서들을 고종이 잠을 자기 전 아침에 가져와서 낮에 처리하게 하자고 제안했다. 그러면 고종이 일을 하느라 아침부터 잠을 잘 수 없게 되고 그 일을 마무리 한 이후 초저녁에 잠을 자게 될 것이라고 했다. 이름을 알 수 없는 젊은 환관의 제안은 성공했다.

실제 고종은 거사 당일 아침에 갑작스럽게 밀려드는 오랫동안 묵혀 있는 문서를 들여다보고 결재하느라 잠을 자지 못했다. 고종은 오후 3시가 될 때까지 문서 결재를 하였고, 그때 마침 입시한, 국왕의 기거와 문안을 살피는 종친들인 승후관承候官들이 고종의 집무실로 오자 모두 대궐 밖으로 퇴근하게 하고 잠자리에 들었다.

정변의 실패, 그리고 고대수의 최후

김옥균은 자신의 계책대로 고종이 밤에 잠들게 하는 데 성공했다. 그리고 그는 고대수에게 통명전에 화약을 묻고 대략 밤 9시경에 화약을 터뜨려 통명전을 폭파하게 하라고 지시하였다. 고대수는 맡은 바 일을 성공시켰다.

고대수가 창경궁 통명전을 폭발시키자 엄청난 굉음이 울렸다. 고종과 왕비는 자다가 일어나 창덕궁 안으로 역모를 꾀한 군사들이 들어와 자신들을 시해할 것이라 생각하고 바로 도피하기로 하였다.

창덕궁에서 가장 가까운 별궁^{別宮}은 경우궁^{景祐宮}과 운현궁^{雲峴宮}이 있었다. 경복궁까지는 거리가 있었기 때문에 빨리 도피하려면 경우궁밖에 없었다. 운현궁은 고종의 아비지 흥선대원군의 집이었기 때문에 갈 수 없었다. 당시 고종과 흥선군은 매우 불편한 관계였다.

국왕과 왕비의 경우궁 이동 호위에는 고대수도 포함됐다. 고대수는 고종과 왕비를 수행하면서 내심 새로운 세상을 맞이할 희망을 가지고 있었을 것이다. 그녀는 그간의 모멸과 신분적 차별을 혁파하고, 정변 당시 세상에 공개한 개혁안, 즉 강령 14조 중 "문벌을 폐지하여 인민평등의 권리를 제정할 것" 등과 같이 새로운 세상에서 자신이 개혁의 주체로 일할 생각을 갖고 있었을 것이다.

그러나 젊은 귀족들이 주도한 정변은 3일 만에 끝나고 말았다. 정치적 판단이 뛰어난 민왕후가 일본의 개입을 눈치 채고 청나라 군사에게 구원 요청을 하였다. 그리고 일본의 교묘한 지원을 받아 정변을 일으켰다는 것을 알게 된 백성들이 일본 공사관을 공격하면서 일본 공사가 도망가고, 김옥균과 박영효 등 정변의 주체들도 모두 도피를 했기 때문이다.

결국 고대수는 대역죄인으로 체포되었고, 죽음의 길로 떠나게 되었다. 고대수는 오늘날 광화문 우체국 자리인 서린옥瑞麟獄에서 광희문 밖 왕십리에 있는 사형장으로 끌려갔다. 거대한 몸집의 그녀가 움직일 때마다 조선의 백성들은 돌을 던졌다. 그녀는 특히 여인들이 던진 돌에 맞아 온몸이 피투성이가 되었다. 조선의 여인들은 고대수의 혁명을 응원해주지 않고 그녀가 친일파라고만 생각했다. 그래서 가혹하게 돌을 던진 것이다.

그녀는 형장으로 끌려가는 도중 너무도 많은 돌덩어리를 맞아 왕십리 청무밭 일대에서 그만 쓰러지고 말았다. 그리고 영원히 일어나지 못했다.

새로운 세상을 꿈꾸었던 고대수, 신분의 한계를 극복해서 진짜 사람다운 세상을 만들고 싶어 했던 고대수, 죽을 것을 알면서도 목숨을 던져 혁명에 참여한 비극의 여인 고대수!

19세기 말 조선의 궁녀 고대수는 21세기 대한민국의 곳곳에 존재한다. 대한민국을 개혁하고, 남녀 차별을 없애고, 권력과 자본으로 뭉쳐진 기득권을 타파하고 진짜 민중의 나라를 만들고자 하는 수많은 여인들이 대한민국 곳곳에 존재한다.

비록 고대수의 항거는 실패로 끝났지만 역사는 늘 새롭게 발전한다. 다시 고대수와 같은 혁명의 정신을 가진 여인이 등장하여 실패로 끝난 정변이 아니라 진짜 평등의 세상을 만드는 혁명에 성공할 것이다. 고대수를 추모한다.

에필로그-1

묘청, 만적, 이재명

　　자주와 평등을 부르짖었던 사람들, 새로운 세상을 꿈꿨던 사
람들은 반드시 기득권에 의해서 악마화 되고, 그들에 의해 죽임
을 당했다. 현재 이재명을 악마화 하고 죽이려는 자들, 아니 더 정
확히 말하자면 이재명을 두려워하는 자들의 원조는 나라와 백성
을 생각하지 않고 오로지 자신들의 이익만을 중요시하는 사대주
의자들이자 기득권들이다. 이들이 오늘까지 이어져 이재명을 정
치적, 사회적 죽음으로 몰아넣으려고 하고 있다.

　　이재명에 대한 악마화는 상상 이상이다. 그가 극우 세력에 의
해 생명을 위협받은 상황에서도 기득권과 언론은 실제 죽을 뻔했
던 이재명에 대한 위로는 일체 없고, 그가 부산지역 의료계를 무
시했고, 특권을 이용하여 헬기 이송을 했다고 떠들고 있다. 죽을
위기에 처해 의식도 또렷하지 않았던 이재명을 안쓰러워하는 것

이 아니라 그가 엄청난 잘못과 특권을 부린 사람으로 매도하는 악마화 작업을 파렴치하게 하고 있다. 졸렬함의 수준을 넘어 정말 무섭고 잔혹하다. 이들이 왜 이토록 집요하게 이재명을 악마화 하는 것일까?

그 이유는 명확하다. 이재명이 지금까지 우리 역사에서 나타났던 수많은 혁명가들 중에서도 가장 무서운 인물이 될 가능성이 높기 때문이다. 지금까지 이야기했다시피 수많은 혁명가들이 기득권과 싸우다 죽임을 당했다. 사대주의로 무장된 기득권에 대항하여 자주국가 건설과 신분제 타파를 통해 백성들의 나라를 꿈꾸었던 이들은 모두 죽었다. 살아남았다 하더라도 유배지에서 쓸쓸하게 생을 마감하거나, 세상을 위하여 일을 할 수 있는 어떠한 기회도 주어지지 않았다.

그러나 이재명은 달랐다. 기존의 혁명가들보다 더욱 무서운 존재다. 아무리 정치적 타살과 사회적 매장을 하려고 해도 죽지 않는다. 사대부 출신도 아니고 중인 출신도 아닌 진짜 천민 출신으로밖에 볼 수 없는 그가 뛰어난 학식과 정의감으로 무장되어 기득권과 목숨을 건 투쟁을 하고 있기 때문에 그를 죽이지 못하고 있다.

그래서 기득권은 더욱 분노하고 있고, 그를 어떤 방식으로든 죽이기 위해 온갖 수단을 가리지 않고 있다. 지식인들이 가지고 있는 체면 같은 것은 아예 휴지통에 던져버리고 천박하고 졸렬한 공격을 끊임없이 지속하고 있다. 세계의 그 어떤 정상적인 국가에서 볼 수 없는 기가 막힌 현실이다. 그래서 이 기득권의 공격에서 죽지 않고 살아남아 다시 민주주의 사회와 자국국가를 만들려고 하는 이재명은 21세기 혁명가다.

그러나 이재명은 지난 대통령선거에서 거대한 기득권의 힘에 밀려 실패하고 말았다. 그리고 지금 진짜 죽음의 위기에 처하게 되었다. 이재명의 미래는 더욱 강한 악마화와 죽음의 강요로부터 살아남아야 존재할 수 있다. 저들은 자신들이 갖고 있는 모든 권력과 힘을 총동원하여 반드시 이재명을 제거하려 할 것이다.

이재명이 살아남아 진정한 시민들의 나라를 만들기 위해서는 다시 역사 속의 혁명가를 이해하고 그들의 실패를 거울삼아야 한다. 그래야만 이재명은 살아남을 수 있다.

가장 먼저 우리 역사 속에서 혁명을 시작한 묘청의 투쟁에서 배워야 한다.

묘청, 정지상, 백수한 등은 서경천도 운동을 통해서 고려의 자주국가 건설을 추구했다. 이들은 거란족이 고려에게 사대 관계를 요구할 때 절대로 사대하지 말고 당당하게 자주국가로 나아가야 된다고 주장을 하였다.

반면 김부식을 중심으로 했던 세력들은 중국과 사대 관계를 맺는 것에 대해서 부정적이지 않았다. 그 이유는 자신들의 권력만 유지된다면 사대해도 무방하다는 생각을 갖고 있었기 때문이다.

이것이 바로 기득권들의 모습이다.

묘청은 기득권과 싸워서 이기기 위해 중요한 승부수를 던지기로 했다. 바로 서경으로의 천도였다. 고려의 수도 개성 안에서는 기득권과 싸워 이길 수 없기 때문이었다. 그러나 당시 기득권들은 이를 용납하지 않았다. 그래서 묘청은 제대로 준비되지 않은 상태에서 사경천도를 추진하다가 끝내 기득권의 힘에 의해 패퇴하고 말았다. 너무나 안타까운 역사다.

그러나 여기서 우리가 명확히 알아야 할 것은 준비하지 않은 투쟁은 실패로 끝나고, 자주의 시대를 열고자 하는 수많은 세력들을 무참히 죽게 만든다는 것이다. 그래서 우리는 기득권의 강고함을 무너뜨리고자 할 때 차분하면서도 튼실하게 준비를 해야 한다. 이재명과 혁신세력들이 배워야 할 가장 중요한 것이다.

만적의 투쟁에 대해서도 우리는 제대로 이해해야 한다.

만적의 투쟁은 기득권과 민초들의 대결이었다. 현재 만적에 대한 기록은 그렇게 많지는 않다. 《고려사》에도 '만적'에 대한 기록이 조금밖에 없다. 다만 만적과 관련해서 우리가 확인할 수 있는 것은 만적이 시대의 혁명가라는 것이다. 고려의 최고 권력자였던 최충헌의 노비였음에도 불구하고 주인을 상대로 시대를 바꾸기 위한 목숨을 건 투쟁을 했기 때문이다.

만약 그가 최충헌에게 굴종하고 충성을 했다면 그는 어느 정도 신분 상승을 해서 호의호식하며 살아갈 수도 있었을 것이다.

그의 역량이면 노비였어도 충분히 가능했을 것이라 생각한다. 그
럼에도 만적은 자신의 안락과 이익을 포기하고 노비들도 평등한
국가의 일원으로 차별받지 않고 살아가는 세상을 만들려다가 하
다가 끝내 죽음에 이르게 됐다.

그렇기 때문에 만적은 우리 역사에서 가장 놀라운 인물 중의
한 명이다. 그러나 현재까지 우리는 만적을 기억하지도 않고, 높
이 평가하지도 않는다. 아주 오랫동안 우리 안에 내재되어 있는
국왕, 귀족, 지식인 등 기득권을 중심으로 하는 역사평가 때문이
다. 그래서 평민 의병장, 천민 투사, 여성 투쟁가 등에 대하여 우
리는 배운 적도 없고 기억할 기반조차 없었다. 그러나 만적의 대
투쟁은 너무도 대단했던 것이기 때문에 식민사관으로 무장된 역
사가들마저 조금이나마 기술하지 않을 수 없었던 것이다.

고려시대 신분해방의 혁명가 만적은 흡사 21세기 이재명의
유년 시절 처지와 매우 유사하다. 이재명은 봉화 화전민의 아들로
태어나서, 초등학교 6학년 때부터는 상대원시장의 청소부의 아들
로 자랐고, 초등학교를 졸업한 이후 중학교도 가지 못하고 성남
오리엔트 공장에서 시계를 조립하는 소년공이었다. 너무 비극적이
지 않은가? 당시 소년공 이재명의 모습은 고려시대의 만적과 다
를 바가 없다고 본다.

만적이 최충헌의 노비였음에도 불구하고 자신이 속해 있는
그 거대한 기득권 세력들을 깨부수려고 했던 것은 참으로 대단하

다. 그런데 여기서 더 중요한 것은 만적이 최충헌을 중심으로 한 무신정권의 엄청난 힘을 보았음에도 불구하고 그 세력의 힘을 깨뜨리고 평등과 평화 그리고 자주의 새로운 세상을 만들고자 했다는 것이다. 이것이 진정 놀라운 것이다.

만적은 그들이 얼마나 강고한 군사력을 갖고 있는지, 그들이 얼마나 정치권력의 정점에 있는지, 왕과 귀족 관료들을 허수아비로 만들어 놓을 정도의 힘이 있는지 정확히 알고 있었다. 최충헌이란 무신정권의 우두머리가 단순히 힘만 갖고 있는 권력자가 아니고 매우 교묘하고 술수가 능한 인간이라는 것까지 알고 있었다.

무신정권을 출발시킨 정중부와 이의민은 문자를 몰랐던 무지한 사람들이었지만, 최충헌은 문자를 아는 무신이었기 때문에 더 위험한 존재였다. 힘만 가지고 권력을 휘두르는 천박한 무장들보다 더 노련하고 더 약삭빠르고 더 정치적이었던 최충헌은 정말 무너뜨리기 어려운 사람이었다.

그럼에도 만적은 최충헌과 대적했다. 분명히 죽을 수도 있다는 것을 알면서도 이 거대권력과 대결을 한 것이다. 당시의 최충헌 입장에서는 참으로 충격적이었을 것이다. 자기 집 노비가 고려의 수도 개경의 모든 노비들을 불러서, 그 노비들과 함께 자신들을 제거하고 신분이 해방된 백성의 나라를 만들려고 했기 때문이다.

혁명을 조직화 하는 과정은 굉장히 세밀해야 한다. 그래서 만적은 아주 은밀하게 송도에 있는 권문세족의 노비들을 포섭하기 시작했다. 사마천은 《사기》에 '진승, 오광의 난'을 이야기하면서 "왕후장상의 씨가 따로 있느냐."며 혁명의 연설을 기록해 놓았다. 사실 진승, 오광은 도적떼에 불과했던 사람들이었다. 그런 그들이 황제가 되고자 했으니 이는 나름대로 그들이 조직운영과 리더십을 갖추고 있었다고 보아야 한다.

만적은 진승, 오광이 했던 말을 인용하면서 노비들에게 우리도 할 수 있다는 희망을 주었다. 만적은 상당수의 노비들에게 심리적으로 "너희들도 이 나라의 주인이 될 수 있다. 너희들도 천민을 뛰어넘어서 이 나라에서 당당한 백성으로 살아갈 수 있다."고 하는 의식화 교육을 한 것이다.

만적은 상당히 조직화를 잘 한 것으로 생각된다. 노비들이 전체적으로 한 번에 모일 수 있도록 날짜를 정해서 회합을 조직하고, 각자에게 역할을 부여하면서 혁명에 동참할 수 있도록 하였기 때문이다. 《고려사》에 기록된 내용을 보면 만적에게 조직화의 능력이 분명히 보인다.

그러나 만적도 저 거대한 힘을 넘어서지 못했다. 최충헌의 힘을 두려워 한 동지들이 거사를 밀고했고, 최충헌은 더 이상 만적 같은 이들의 신분해방투쟁이 나타나지 못하게 상상할 수 없는 잔혹한 고문과 죽음을 안겨주었다. 이로 인하여 민초들은 두려움에 떨고 다시는 혁명 투쟁의 대열을 만들지 못했다. 그러나 아무리 억누른다 해도 자주와 자유의지의 역사 발전을 막을 수는 없다.

우리는 만적의 투쟁의 역사를 거울 삼아 이재명의 미래를 차분히 생각해보아야 한다. 그래야만 더 이상 국민의힘과 윤석열 정부 같은 잘못된 기득권들에게 지배당하지 않게 된다. 우리가 과연 저들을 이길 수 있는 조직력이 존재하는가, 우리들이 저들과 싸워서 이길 수 있을 것인가를 깊이 생각하고 그러한 조직력을 만들어야 한다. 왜냐하면 당시의 최충헌의 무신정권이 갖고 있었던 힘이 오늘날 검찰정권이 갖고 있는 힘과 하나도 다르지 않기 때문이다.

당시에는 무인들이 만적과 그의 동지들을 무자비한 살인 행위와 폭력으로 탄압하였듯이, 지금은 검찰정권이 법기술을 이용하여 이재명과 개혁 세력들을 교묘하면서도 무자비하게 탄압하고 있다. 우리는 이미 지난 대통령선거에서 한 번 패배했던 경험이 있다. 때문에 그런 패배의 기억을 극복하고 그들과 싸워 반드시 이길 수 있는 조직된 힘을 다시 만들어야 한다. 이재명이 만적의 실패를 다시 되풀이하지 않아야 하기 때문이다.

역사는 더디지만 반드시 진보한다. 또 정치는 정치인이 하는 것 같지만 결국은 국민이 하는 것이다. 때문에 우리는 조금 더 각오하고 노력하면 2천년 기득권의 역사를 청산하고, 새로운 대동세상의 나라를 만들 수 있다. 이재명이 그 시작을 열 것이다.

새로운 세상의 정의를 위하여

이 시대는 불의^{不義}한 시대가 되었다.

최근 영화 〈서울의 봄〉이 전국적 화제가 되면서 전두환·노태우가 저지른 12.12 군사쿠데타의 진실을 20~30대가 알게 되었다. 한국 현대사에 관심이 없는 사람들은 12.12 군사쿠데타가 이 땅의 민주화를 얼마나 짓밟았는지 알지 못할 것이다. 이들은 최소한 민주화 시대에 태어나 민주주의 시대 안에서 성장했다. 때문에 군사정권의 폭압과 언론의 부도덕성 그리고 인권유린과 경제적 불평등의 사회에서 성장하지 않았다는 안도감을 누릴 수 있었다.

1980년대 중후반 대학을 다닌 나는 전두환과 그대로 맞서며 살아가야 했다. 그리고 6월항쟁의 기쁨과 1988년과 1992년 대선의 패배를 모두 맛보았다. 그러면서도 우리 사회는 조금씩, 조금씩 민주주의가 자리 잡아가는 시대로 발전했다. 그래서 세계인들은 이렇게 이야기했다.

"경제도 압축 성장, 민주화도 압축 성장"

이 말이 가진 의미는 대한민국 국민들이 참으로 대단하다는 것이다. 그러면서도 한편으로는 대한민국의 압축 성장이 한순간에 해체되어 다시 원래의 모습으로 돌아갈 수도 있다는 것을 내포하고 있기도 하다.

세계인들의 이런 말에 대하여 우리는 그저 좋은 방향으로만 생각했다. 그런데 그것이 아니었다. 윤석열 정부 이후 우리는 다시 12.12 군사쿠데타를 통해 권력을 장악한 세력과는 또 다른 총과 칼을 소유한 집단을 만나야 했다. 그들이 바로 검찰 세력이다.

검찰 세력이 이렇게 우리 사회를 장악하고 무소불위의 권력을 휘두르게 된 것은 우리의 잘못이 크다. 언론개혁과 검찰개혁을 하지 못한 탓이다. 제대로 하지 못했다는 표현을 사용하지 않는 것은 아예 검찰개혁을 할 시도조차 못했기 때문이다. 정확히 말하자면 검찰개혁을 추진하려다가 시작 단계에서 어이쿠 무섭구나 하고 생각하면서 바로 접었다.

사실은 그렇지 않다고 말하는 이들도 있을 것이다. 그렇게 이야기할 수도 있다. 그러나 나는 그렇게 생각하지 않는다. 문재인 정부가 검찰개혁과 언론개혁 모두를 방기했다고밖에 생각하지 않을 수 없다.

검찰권력, 특히 특수부에 대한 막대한 권력을 주고, 윤석열이라는 괴물을 탄생시킨 것은 문재인 정부가 아무리 변명을 하려 해도 절대 부인할 수 없는 명명백백한 사실이다. 당시 청와대는 '이상한 나라'에 있는 사람들의 공간이었다. 윤석열이 대통령 출마 의지를 명확히 하고, 그들이 검찰과 '조중동'을 중심으로 하는 세력들과 야합하고 있는 것을 뻔히 알면서도 이를 방치했다는 것은 용서될 수 있는 사항이 아니다.

나 역시 문재인 대통령 팬클럽인 '문팬' 회원이고, 문재인 대통령이 추천한 도서《리더라면 정조처럼》의 저자이기에 누구보다 문재인 대통령을 흠모했다. 하지만 이 사안에 대한 나의 생각은 명확하다. 문재인 정부가 하나회로 대표되는 전두환 군부 세력과 같은 정치검찰을 탄생시킬 수 있었던 것에 대해서 납득이 안 된다.

그러나 어찌 문재인 정권 탓만 하고 분노하면서 살아갈 것인가? 다시 김대중, 노무현의 민주주의 시대로 되돌리기 위해서는 우리가 중요한 일을 해야 한다. 다시 정의를 세우고 민주주의를 회복하고, 일본의 경제침탈과 독도영유권 주장, 남북관계 파탄 등에 맞서서 승리하기 위해서 우리는 나서야 한다. 그것을 위해 이재명 당대표 지키는 일도 중요한 일이다. 왜냐하면 그 역시 검찰 권력의 피해자이자 가장 유력한 죽임의 대상이기 때문이다.

검찰과 대항하여 싸우는 수많은 사람들 중에서 가장 선두에 선 이가 바로 이재명이다. 과거에도 그랬고 현재도 검찰과 수구 언론은 이재명을 죽이기 위해 온갖 거짓과 조작을 서슴지 않고 있다. 그래서 이재명은 이미 악마화 되어 있다.

악마화가 되어 있다는 것은 그가 거꾸로 무서운 사람이기 때문이다. 무섭기 때문에 수단과 방법을 가리지 않고 그를 죽이려 하는 것이다. 후안무치하다는 소리를 들어도, 정말 해도 해도 너무한다는 소리를 들어도, 검찰이 진정 국민의 파수꾼이 아니라 권력자들을 위한 도사견이라는 소리를 들어도 저들은 아랑곳하지 않고 이재명을 죽이려 한다.

이재명을 죽이는 것은 과거 묘청부터 시작하여 새로운 민중의 세상을 만들려는 혁명가들을 죽이는 것과 다르지 않다. 지금까지 수많은 혁명가들을 죽여 온 기득권들이기에 이재명을 죽이는 것은 어렵지 않다고 판단했을 것이다. 그들은 온 백성들의 영웅이고 엄청난 힘을 가졌던 전봉준도 죽인 세력들이다. 그러니 화전민의 아들에 초등학교밖에 나오지 않았다고 평가하는 이재명을 죽이는 것은 '전가의 보도'를 꺼내지 않고, 그저 '닭잡는 칼'만 꺼내어 휘둘러도 된다고 생각했다.

그러나 현실은 그게 아니라는 것을 깨달았다. 이재명을 죽이는 것이 간단한 일이 아니라는 것을 느끼기 시작했다. 묘청도, 만적도, 정여립도, 허균도, 최제우도, 전봉준도, 노무현도 죽였지만 이재명은 죽이기 어렵다는 것을 알게 되었다. 수많은 민주시민들이 그와 함께하고 있다는 것을 알았기 때문이다.

대장동 사건을 비롯하여 엄청난 거짓을 만들어 내고 조중동을 비롯한 모든 언론이 총동원되어 죽이기로 마음 먹고, 2차 세계대전의 종전을 알리는 히로시마와 나가사키에 떨어진 핵폭탄보다 더한 핵무기를 투여해도 그는 살아 있다. 이것이 그들에게는 충격이었다. 그래서 그들은 민주당 내부의 세력을 이용하여 '차도살인지계'를 하여 이재명을 죽이려 하였다. 그러나 이도 실패하였다.

하지만 저들은 앞으로도 끊임없이 이재명을 죽이려 할 것이다. 이재명을 죽이는 것은 바로 민주주의를 지키려는 세력들을 죽이는 것이다. 저들은 정치검찰의 천년국가를 만들어 그들의 자손만대가 정치, 경제, 사회, 문화 모든 분야에서 권력을 잡아 호의호식하고 민중을 개돼지로 만들고자 할 것이다. 이것을 막아내는 게 우리가 할 일이다.

이 일을 위해 나는 오랫동안 거리에서 소리쳤다. 대학 강단에서 차분히 학생들과 토론하고, 연구실에서 조용히 사색하며 저술 활동을 해야 할 대학교수가 뜨거운 여름과 차가운 겨울에도 아스팔트 위에서 끊임없이 촛불을 들고 소리를 높여야 했다. 시대의 비극이 만든 나의 자화상이다.

그래서 나는 저 엄청난 검찰권력으로부터 민주주의를 지키기 위해 먼저 이재명을 지켜야 한다고 생각했다. 그리고 여의도 국회의사당 앞 집회에서 시민들에게 나의 진심을 이렇게 이야기했다.

안녕하십니까?

존경하는 민주시민 여러분!

한신대학교 교수 김준혁입니다.

많은 분들이 이재명 대표의 국회 체포동의안 가결 부당성을 이야기하고 있기 때문에 저는 역간 다른 주제의 이야기를 하도록 하겠습니다.

이재명 대표의 오늘 체포동의안이 부결되는 것은 참으로 마땅한 일입니다. 그렇다면 왜 저들이 이재명 대표를 이렇게 감옥에 넣으려고 하는 것인가, 그 역사적 뿌리에 대한 이야기를 하도록 하겠습니다.

우리 역사에서 대동세상을 꿈꾼 사람, 평등과 평화를 외친 사람은 지금까지 단 한 명도 살아남지 못했습니다. 기득권들이 대동세상을 외치는 자들을 자신들의 적으로 삼아 그들의 목숨을 취하고, 삼족도 모자라 구족을 멸하는 일들을 해왔기 때문입니다.

지금으로부터 400여 년 전 조선의 위대한 대동세상을 꿈꾼 선비가 있었습니다. 그의 이름은 바로 정여립입니다. 그 정여립이 '대동계'를 만들었습니다.

대동세상, 누구나 함께하는 세상, 경제적으로 평등하고 신분적으로 평등한 그러한 세상을 꿈꿨습니다.

정여립은 율곡 이이의 제자로 율곡이 극찬했던 대학자였습니다. 본인이 원한다면 뛰어난 명성과 많은 학자들의 지원으로 호의호식하며 살아갈 수 있었습니다. 그러나 그가 꿈꾼 세상은 바로 대동세상이었기에 세상의 모든 영예를 포기합니다.

그래서 정여립은 고향으로 돌아가서 신분과 관계없이 양반, 중인, 평민, 천민 모두를 모아서 '대동계'라는 모임을 만들었습니다. 한 달에 한 번씩 모임을 하면서 그 공간 안에서 함께 무예 연습을 하고, 함께 밥을 나눠 먹고, 함께 술을 마시고, 함께 노래를 불렀습니다. 양반이 평민과 함께 서로 절하고 서로 존댓말을 썼습니다.

400년 전 왕조 시대에 양반과 평민, 천민이 함께 존중하는 말을 쓰고 함께 인사를 나누고 함께 어깨를 메고 다닌다는 게 상상할 수 있는 일입니까? 정여립은 바로 그런 세상을 만들려고 했습니다.

그 과정에서 왜구가 침입합니다. 그러나 당시 관군들은 왜구를 막지 못했습니다. 전라도 수군절제사가 정여립에게 왜구를 막아달라고 요청합니다. 평민들이 중심이 된 대동계 회원들이 전주에서 목포, 여수, 순천 일대로 가서 왜구들을 물리칩니다. 대동세상을 꿈꾼 사람들이었기 때문에 외적과 목숨을 걸고 나라를 지키는 일에 참여했던 것입니다.

그런데 이 대동세상을 꿈꾼 정여립을 선조와 고위 관료 기득권들이 가만두지 않았습니다. 이들이 계속 세상에 나아가게 되면 반드시 하찮은 저 백성들에 의해서 나라를 뺏길 것이라고 생각한 것입니다. 일본이 호시탐탐 노리고 있는, 임진왜란이 일어나기 불과 3년 전이었던 그 시점에 선조와 기득권 세력들은 가짜뉴스를 만들고 조작사건을 만들어서 정여립을 죽이고 맙니다.

정여립만 죽인 것이 아닙니다. 정여립과 함께했던 사람들을 무려 1천여 명이나 죽였습니다. 그리고 5천여 명 이상을 유배보냈습니다. 진보의 씨를 말리려고 한 것입니다. 다시는 대동세상을 꿈꾼 사람이 조선 땅에 있게 해서는 안 된다고 했던 것입니다. 그만큼 대동세상을 꿈꾸는 사람들이 무서웠던 것입니다.

정여립의 죽음 이후에 대동세상을 이야기한 사람들은 거의 없었습니다. 너무도 무서웠기 때문입니다. 기득권의 힘이 얼마나 강한 것인지를 알게 되었기 때문입니다.

그러나 18세기에 들어와서 다시 대동세상을 꿈꾼 사람들, 정감록을 통해서 새로운 세상을 만들겠다고 꿈꾼 사람들이 나타납니다. 그러나 이들도 모두 형장의 이슬로 사라졌습니다. 동학도 실패합니다. 수운 최제우도, 전봉준도 대동세상의 꿈을 펼치지 못했습니다.

정여립이 대동세상을 꿈꾸고 실천하고, 그리고 죽음에 이른지 400년 뒤에 다시 대동세상을 꿈꾼 사람이 이 땅에 나타났습니다.

그가 누구입니까?

그가 누구입니까?

그가 누구입니까?

그가 바로 이재명입니다. 정여립보다 더한 사람이 나타났습니다. 가진 것도 없는 사람입니다. 초등학교 통학 거리가 무려 9킬로미터가 넘었습니다. 왕복 20킬로미터를 걸어 다닌 사람입니다. 그는 초등학교밖에 나오지 못했습니다. 기득권 세력이 볼 때 정여립보다 더한 사람이 나타난 것입니다.

비록 검정고시를 통해 대학을 나왔지만 저들이 볼 때 이재명은 초등학교밖에 나오지 않은 사람입니다. 저 초등학교밖에 나오지 못할 인간이 대한민국의 대통령이 되겠다니, 그리고 정여립도 이루지 못한 대동세상을 이루겠다니 용서할 수 없는 일입니다.

그래서 저들에게 있어 이재명은 반드시 짓밟아야 될 대상입니다.

정여립의 죽음 이후에 대동세상의 꿈과 진보의 씨앗을 지웠다고 생각했던 저 기득권들, 정여립을 죽였던 서인 세력, 그리고 그들이 다시 노론으로, 그 노론이 다시 친일파로, 그 친일파가 다시 친미파로 변해서 지금까지 500년간의 기득권을 유지하고 있던 저 사람들이 만약 이재명이 대통령이 된다면 자신들의 500년 기득권이 완전히 말살될 것이라고 생각하고 있는 것입니다.

그래서 이재명은 제거해야 될, 반드시 죽여야 될 대상인 것입니다.

400년 전 정여립은 저 기득권 세력의 손에 죽었습니다.

보호해 줄 사람들이 없었습니다. 정여립과 함께했던 5천여 명의 진보 세력들은 힘이 없었습니다. 그러나 우리는 이재명을 지킬 수 있습니다. 여기 계신 수많은 민주시민들, 대동세상을 꿈꾸는 우리들이 저 간악한 무리들로부터 이재명을 지켜낼 수 있습니다.

여러분, 이재명을 지켜줄 것입니까?

정말 이재명을 지켜줄 것입니까?

그러면 국회 안에서 이재명을 감옥에 보내려고 악랄한 짓을 벌이고 있는, 저 의사당 안에 있는 사람들에게 함성을 질러주십시오.

한 역사학자의 절규가 여러분과 함께 수많은 함성이 되어, 우리가 무기가 되어, 100만 개의 불화살이 되어, 이재명을 지키고, 적들을 쓸어버리고, 반드시 새로운 대동세상의 꿈을 만들어 갈 것입니다.

감사합니다.

이 연설 이후 많은 이들이 나를 격려해 주기도 했고, 반대로 나에게 더는 나서지 말라는 이야기도 했다. 검찰의 칼이 당신을 향할 수도 있다고. 기득권의 총과 칼에 희생당한 수많은 이들이 존재하고, 그들의 고통스러운 목소리를 지금 이 순간에도 내 옆에 있는 이들로부터 듣고 있기 때문에 나는 그들이 나에게 진정으로 하는 말이라는 것을 알고 있다.

그러나 나는 이 일을 두려워하지 않는다. 사람들은 나에게 말한다. 왜 꼭 김 교수가 나서야 하느냐고. 다시 그들에게 묻겠다. 그러면 누가 나서야 하느냐고. 오늘 내가 나서지 않으면 아무도 나서지 않을 것이다. 그러면 저 무서운 세력들, 12.12 군사쿠데타를 통해 권력을 장악한 저들보다 더 무섭고, 더 비열하고, 더 잔악한 저들을 어떻게 이 땅에서 사라지게 할 것인가?

그래서 힘든 싸움을 하고 있는 것이다.

아스팔트에서 싸우는 힘보다 더 강력한 힘이 나에게 필요하다. 저들과 맞서 싸우는 무기가 나에게는 촛불밖에 없다. 저들은 법과 돈 그리고 언론을 가지고 세상을 농락하는데, 우리가 가지고 있는 것은 오로지 촛불과 열정 그리고 깨어 있는 시민들밖에 없다.

그러나 이것만 가지고는 안 된다는 것을 깨달았다. 이태원 10.29 참사가 발생해도 저들은 아무 소리도 하지 않는다. 오송 지하차도에서 수많은 이들이 물에 잠겨서 죽어도 저들은 아무 소리를 하지 않는다. 세계 청소년들의 열정 캠프인 잼버리대회를 실패해도 아무 소리를 하지 않는다.

저들이 주가조작을 해도, 서울양평고속도로 종점을 변경해도, 그들의 자녀들이 우리 학생을 폭행해도, 전임 대통령의 목을 따겠다고 해도, 남북관계를 파탄내어 수많은 이들이 경제적 공황에 빠지게 해도 저들은 아무런 이야기를 하지 않는다. 오로지 자신들만 권력을 누리고, 그 공적 권력을 가지고 이익을 얻으려 하기만 한다.

어느 날 눈떠보니 선진국이었다가, 어느 날 눈떠보니 후진국이 되었다는 말을 하는 이 비극의 시대에 우리는 무엇을 해야 할 것인가?

우리가 해야 할 일은 바로 정의를 다시 세우는 일이다.

정의를 세우기 위해서는 저들 기득권과 맞서 싸울 힘이 있어 있어야 한다. 반드시 그 힘이 있어야 한다. 저들처럼 법을 무기로 활용하고 지식과 정보를 공유하여 저들의 강력한 총과 칼에 맞서야 한다. 그러니 위해 나는 이 험한 길을 나서기로 했다. 그리고 한 발, 한 발 나아가고 있다.

비록 이 길에서 승리를 확신할 수는 없지만 나는 역사의 승리를 확신한다. 그리고 나의 이 걸음이 시작은 미약하다 하더라도 반드시 장대하게 마무리 될 것이라는 확신이 있다. 나와 함께하는 동지들이 있고, 수많은 민주시민들이 존재하기 때문이다.

하늘은 스스로 돕는 자를 돕는다고 했다.

나는 하늘을 믿는다.

왜냐고?

백성이 곧 하늘이기 때문이다.

정의는 반드시 바로 세워질 것이다.

왜 이재명을
두려워 하는가

제1판 1쇄 발행   2024년 1월 21일

지은이   김준혁
펴낸이   김덕문
책임편집   손미정
디자인   블랙페퍼디자인
마케팅   이종률

펴낸곳   더봄
등록일   2015년 4월 20일
주소   서울시 노원구 화랑로51길 78, 507동 1208호
대표전화   02-975-8007   ‖   팩스   02-975-8006
전자우편   thebom21@naver.com
블로그   blog.naver.com/thebom21

ISBN 979-11-92386-17-1 03340